高村乡志

郑州市名镇志文化工程

中共郑州市委党史和地方史志研究室　编著

中国水利水电出版社
www.waterpub.com.cn
·北京·

图书在版编目（CIP）数据

高村乡志 / 中共郑州市委党史和地方史志研究室编著. -- 北京 : 中国水利水电出版社, 2024.12
郑州市名镇志文化工程
ISBN 978-7-5226-0197-7

Ⅰ. ①高… Ⅱ. ①中… Ⅲ. ①乡镇－地方志－郑州 Ⅳ. ①K296.15

中国版本图书馆CIP数据核字(2021)第215682号

审图号：豫郑荥S【2021】001号

选题策划：马爱梅　宋建娜　李慧君
责任编辑：李慧君

书籍设计：李　菲　田雨秾　龚　煜

书　名	郑州市名镇志文化工程 高村乡志 GAOCUN XIANG ZHI
作　者	中共郑州市委党史和地方史志研究室　编著
出版发行	中国水利水电出版社 (北京市海淀区玉渊潭南路1号D座　100038) 网址: www.waterpub.com.cn E-mail: sales@mwr.gov.cn 电话: (010) 68545888 (营销中心)
经　售	北京科水图书销售有限公司 电话: (010) 68545874、63202643 全国各地新华书店和相关出版物销售网点
排　版	北京金五环出版服务有限公司
印　刷	北京天工印刷有限公司
规　格	184mm×260mm　16开本　15.25印张　276千字
版　次	2024年12月第1版　2024年12月第1次印刷
定　价	**128.00**元

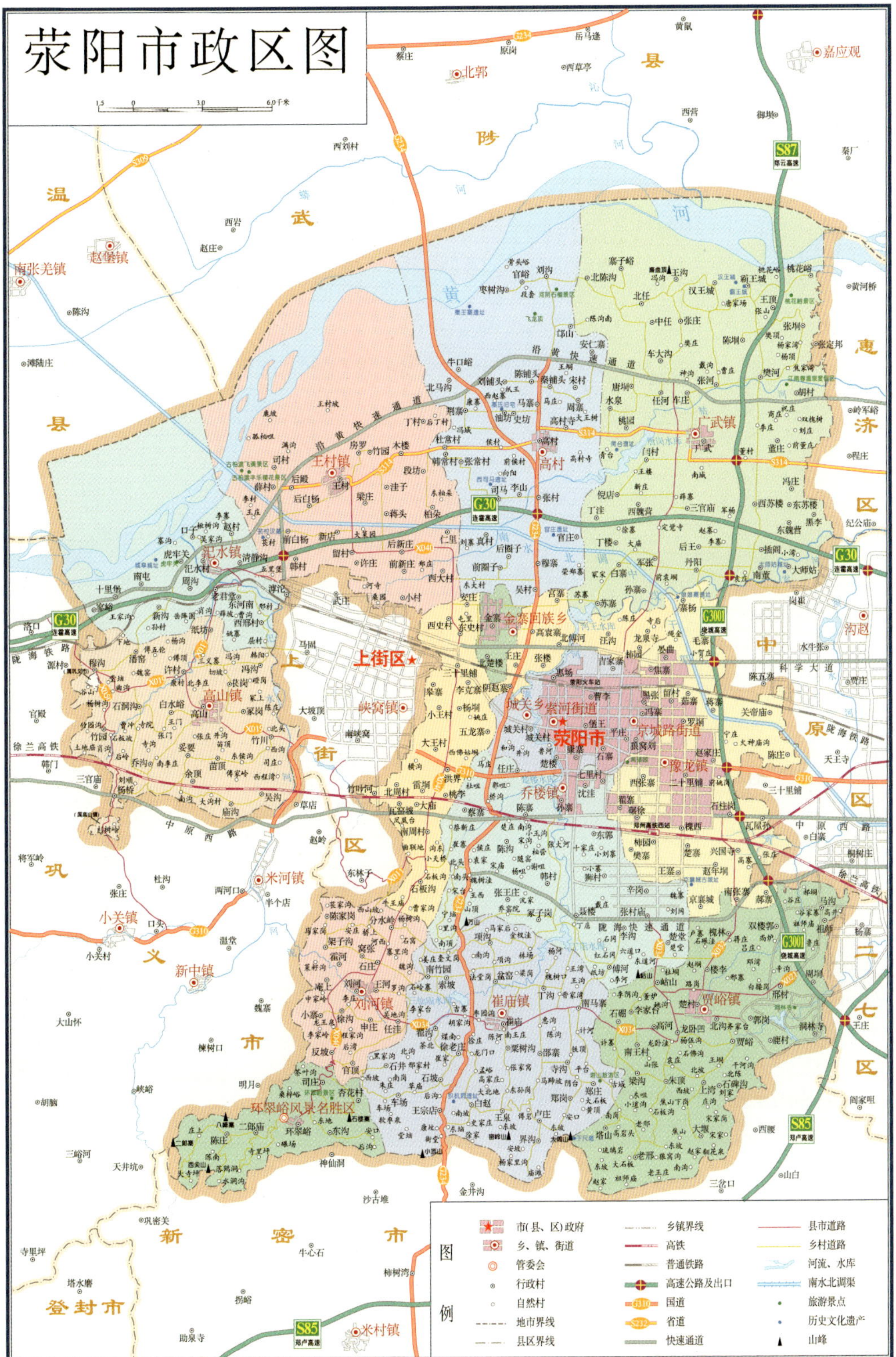

注：图内行政界线为权宜划法，不作为划界依据

编　制：河南省科学院地理研究所　审图号：豫郑荥S【2021】001号

高村乡　王红斌 摄

黄河　石保定 摄

邙岭　石保定 摄

高村乡北部丘陵　王红斌 摄

高村石榴园　郭瑞 摄

郑州市名镇志、名村志、名街志编纂委员会

名誉主任 虎　强

主　　任 丁淑杰

副 主 任 李红霞　王丹东　牛宏波　张　凯　何　伟　高　峰　尹　红

委　　员（按姓氏笔画排序）

马素华　马素萍　王　彬　王　磊　王传胜　李　峰　李智俊

李新建　张海军　罗东方　夏利东　璩鹏辉

主　　编 丁淑杰

副 主 编 王丹东

编　　委（按姓氏笔画排序）

马福永　王海燕　冉涌泉　任兴来　刘　伟　李　磊　张　利

张　磊　张帅灵　张晓娟　武丽娜　贾　佳

编　　辑 李艺博　王　丹　丁代民

学术顾问（按姓氏笔画排序）

王河宁　王保国　安海蓉　孙英民　李仁清　李伯谦　李嘉南

张　永　张　霆　张绍宇　陈万卿　杭　侃　郑东军　胡惠林

宫嵩涛　徐建勋　韩国河

《高村乡志》编纂委员会

序 言

2024年是中华人民共和国成立75周年，是实现“十四五”规划目标任务的关键一年。中共郑州市委党史和地方史志研究室（下称“我室”）坚持以习近平新时代中国特色社会主义思想为指导，把学习贯彻党的二十大精神和二十届二中、三中全会精神，作为当前和今后一个时期的一项重大政治任务，找准党史方志服务改革发展的切入点着力点，谋划好、组织好、落实好服务全面深化改革的重要举措。在中国地方志工作办公室、中共河南省委党史和地方史志研究室的指导支持下，锚定“两个确保”、实施“十大战略”，牢记“为党立言、为国存史、为民修志”的职责使命，充分利用地方志体裁的独特优势，客观准确记述乡镇（街道）、村（社区）的历史与现状，促进满足人民文化需求和增强人民精神力量相统一，切实发挥好乡镇（街道）、村（社区）志“存史、资政、育人”功能。我室充分发掘、放大、展示郑州历史文化资源禀赋和特质、气质，扎实落实《郑州兴文化工程文化研究计划实施方案》，围绕郑州当代发展研究、郑州文化名人研究、郑州城市文化史研究、郑州重要时期的重大事件研究、郑州红色文化研究、郑州重要历史文化遗存研究、郑州重要历史文献典籍研究开展工作，相继完成了41部乡镇（街道）、村（社区）志的编纂出版工作，在积极探索基层志书编纂体制机制创新上持续发力，推动党史和方志工作高质量发展，努力打造新时代精品佳志，主要做法是：

坚持正确导向，突出时代主题。我室在乡镇（街道）、村（社区）志编纂中，力求全面、客观反映党史、新中国史、改革开放史、社会主义发展史在郑州的辉煌业绩，记录郑州从一座古老的城市发展成为国家中心城市的历史进程，阐释中华文明、中原文化在郑州这座城市的文明形态起源、嬗变和现代转型。聚焦黄河文化、商都文化、黄帝文化、河洛文化、嵩山文化和二七精神等重要的城市文化名片，我室组织编纂了管城区《东大街街道志》《西大街街道志》《城东路街道志》《南曹街道志》《二里岗街道志》，二七区《德化街道志》，金水区《杜岭街道志》，上街区《峡窝镇志》《方顶村志》，巩义市《回郭镇志》《大峪沟镇志》《康店镇志》《河洛镇志》《站街镇志》《小关镇志》《米河镇志》《涉村镇志》

《海上桥村志》，新郑市《孟庄镇志》《新建路街道志》，荥阳市《汜水镇志》《王村镇志》，惠济区《古荥镇志》《花园口镇志》，中牟县《雁鸣湖镇志》《黄店镇志》，新密市《刘寨镇志》，登封市《告成镇志》《中岳庙社区志》等基层志书。这批志书尝试从方志学的角度描述、分析郑州的历史和文化，讲述方志故事，凝聚城市精神，发现并彰显这些深藏在街道社区、乡村田野里的城市文化根脉。

坚持质量标准，规范编纂流程。我室认真贯彻落实《郑州市地方志工作规定》要求，明确各级党史方志工作机构与编纂单位分工负责，针对每部志稿都成立专班推进，形成了一级抓一级、层层抓落实，踏石留印、抓铁有痕的工作格局。遵循地方史志工作的基本原则，把质量视作乡镇（街道）、村（社区）志编纂的生命线，对每部志书严把政治观、史实关、体例关、文字关、出版关和印刷关。为提高编纂专业水平，我室邀请中国地方志工作办公室、中共河南省委党史和地方史志办公室指导工作，并与国内知名高校合作，采取集中培训、案例教学等形式，面向修志业务人员，结合实际答疑解惑，较好地统一了修志原则和基本规范。同时，与中国水利水电出版社紧密协作，按照中国名镇志、名街志、名村志文化工程的质量标准，开展全方位深度合作，搭建专业服务平台，合力推进精品工程建设。

拓展史志视野，创新编纂方式。我室积极适应进入“读图时代”的现代读者需求，在锤炼文字表达的同时，特别突出“图像存史”的作用。与河南省美术家协会合作，组织一批在省内乃至全国有影响的优秀画家，深入基层开展采风创作，用画笔描绘郑州美丽乡村和城市现代街区风貌。我室要求编纂单位注意对优秀美术作品的资料收集，成为熠熠生辉的亮点。中共郑州市委宣传部外宣办、河南日报新闻图片有限公司、郑州日报社及市、区县（市）摄影家协会等单位和许多优秀、敬业的摄影家，为本套丛书提供、创作了大批精彩的摄影作品，与志书篇章结构和语言文字同步配合，形成全新的图像叙事语言体系。这已不是简单的配图、插图、图文并茂，而是把图像证史、存史放在编纂方式创新的维度上来考量其价值与意义。

提高学术品质，丰富志书内涵。我室借鉴人文地理学和社会学的调查研究方法，在中原区委、区政府的支持下，组织编纂了该区《西流湖街道志》《中原西路街道志》《桐柏路街道志》《三官庙街道志》《棉纺路街道志》《绿东村街道志》《林山寨街道志》《汝河路街道志》《航海西路街道志》《须水街道志》《秦岭路街道志》《建设路街道志》12 部街道志，对一个行政建置区域的政治、经济、文化、社会、生态建设状况，特别对自中华人民共和国成立以来各个历史时期的发展做了全方位的较完整记述。这些街道志组成了一个美丽的“方志拼图”，从中可以清晰地看到中原区从中华人民共和国成立初期的传统城郊农业区，形成郑州市的市级行政中心、文化中心和现代工业区，又在改革开放以来经过国企改革的华丽“蝶变”转型升级为现代化宜居宜业新城区的时空轨迹。我室还与郑州大学建筑学院合作，开展传统村落与民居保护和城市街区建筑文化专项调查，形成了一批研究成果并在编纂中予以重点展示。郑州市是中华文明探源工程、夏商周断代工程等考古研究的重点区域，拥有世界文化遗产登封“天地之中”历史建筑群和诸多国家重点文物保护单位，各类历史文化遗迹俯拾即是。在文物部门的大力支持下，我室在相关志书编纂中，注意收录考古最新发现及研究成果，以丰富志书编纂的文化内涵。

坚持统筹规划，分层扎实推进。我室坚持依法治志的基本原则，依法推进各项编纂组织管理工作。一是建章立制，科学管理。结合编纂实际，理顺管理体制和运行机制，明确了市、县区、乡镇、村在志书编纂中的各级权责，分级负责与属地管理有机结合，最大限度地形成合力、统筹推进。我室把这项工作作为一项硬任务，年初及时向市委市政府报告列入年度工作计划、列入财政预算，并与各区县（市）协商制订工作计划，按节点有序推进。二是统一规划，明确目标。在工作中要求各区县（市）本着精品至上、宁缺毋滥的原则确定选题规划，突出“名”和“特”，建立编纂项目库，集中力量，抓出精品，锻炼队伍，探索经验。三是分类指导，有的放矢。根据各区县（市）申报的选题计划，我室进行实地考察和逐一分析，建立选题库，按照年度工作计划出版。在整体过程中，实施有效的分类管理，进度服从质量，不搞“一刀切”，因地制宜，精准发力，推动这项工作积极稳妥、健康有序开展。四是重点突破，严把关口。我室以出版为时间节点，倒排工期，提出每部志书要认真把好四个关口：首先，每部志书的承编单位要严格按照既定的编纂体例完成初稿，做到篇目完整、材料充分。其次，各区县（市）党史方志工作机构要组织相关部门召开评审会，重点把好政治关、史实关，确保在民族、宗教、保密等重大问题上不出偏差，在内容材料上客观真实、准确无误。第三，由我室协同组织出版社、承编单位和专家学者，对稿件进行集中修改审定，群策群力，解决每部志书在内容、体例、语言等方面存在的问题，基本完成定稿。第四，出版社按照所签订的合作协议，编辑出版关口前移，签订协议后，提前介入每部志书的具体编纂指导、审定等工作，确保出版进度和质量。

坚持深入调研，解决实际问题。在党史方志事业转型升级创新发展的进程中，转变思想观念、转变发展方式是全面的、深层次的变革。在推进郑州市名镇志、名村志、名街志文化工程工作中，我室深感地方志工作“一纳入、八到位”不能仅停留在一般性的“纳入”和“到位”上，应该以问题为导向，深入调查研究，切实解决党委政府重视支持、人力财力保障等基层反映强烈的实际问题。一是积极争取各级党委政府支持。乡镇（街道）、村（社区）志的编纂主体是市县乡各级党委政府及其地方党史方志工作机构，是“官修”而非私修。因此，编纂乡镇（街道）、村（社区）志是在各级党委政府领导和支持下、由各级地方党史方志工作机构负责牵头组织开展的。我室在调研中深刻体会到，乡镇（街道）、村（社区）志的编纂过程既是一个部门的业务推进，也是向各级党委政府汇报地方史志工作转型升级创新发展的形势任务、争取更大支持，解决实际问题的工作契机。二是切实解决好钱从哪里来。郑州市名镇志、名街志、名村志文化工程是郑州市组织推进的一项重点文化项目，我室明确不向乡镇（街道）、村（社区）基层摊派经费增加负担，按照财政分级管理的原则，积极向市政府和财政部门争取项目专项资金，解决编纂出版印刷等各项工作中的费用。各区县（市）负责组织编纂志书初稿的费用，经郑州市党史和地方史志办公室审定、出版社认可达到编辑出版要求后，由我室申请市财政审核拨付。对郑州市名镇志、名街志、名村志丛书编纂出版试行项目化资金管理，明确资金来源，严格预算管理，有助于形成一级抓一级、层层抓落实的长效工作机制。三是形成合力众手成志。要把郑州市名镇志、名街志、名村志丛书打造成为堪存堪鉴的精品志书，仅靠现有的党史方志工作机构是难以实现的。目前，乡镇（街道）、村（社区）志编纂面临的困难是多方面的，既有青黄不接、人才短缺，也有研究不足、经验匮乏。一些社会力量参与到基层志书的编纂工作中，存在着政治站位不高、政策把握不准、水平参差不齐等问题。但是在调研中也看到，社会各界对参与编纂乡镇（街道）、村（社区）志有较高的积极性、主动性，许多基层单位表示愿意借助这项工作打造文化品牌，推动当地经济社会发展。因此，在今后编纂工作中，要坚持从凝聚共识入手，着力形成团结一致、高效运转的强大合力，构建优势互补、复合型、专业化的新型协作体系。

以上是我室在郑州市名镇志、名街志、名村志文化工程中的一些尝试，不足之处敬请批评指正，以便在今后工作中认真加以改进。

中共郑州市委党史和地方史志研究室
2024 年 12 月

凡　例

一、指导思想　以马克思列宁主义、毛泽东思想、邓小平理论、“三个代表”重要思想、科学发展观、习近平新时代中国特色社会主义思想为指导，坚持辩证唯物主义和历史唯物主义的立场、观点和方法，存真求实，全面、客观、系统记述中国名镇城镇化进程和改革开放成果，传承和抢救乡土历史文化，激发爱国爱乡情怀，留住乡愁，为探索中国特色新型城镇化建设、服务乡村振兴战略提供历史智慧和现实借鉴。

二、质量要求　参照中国地方志指导小组印发的《地方志书质量规定》执行。在坚持志体的前提下，体裁运用、篇目设置、资料选择等作适当创新。内容以记载镇域范围内的微观资料为主，详市县志之所略。根据不同类型名镇的特点，记述域内自然、政治、经济、文化、社会的历史与现状，重在突出当地“名”与“特”的内涵，从而达到执简驭繁、文约事丰、易于阅读、利于普及的目的。

三、时间断限　为全面反映入志事物发展脉络，各志上限追溯至事物发端，下限一般断至各镇志启动编修年份，个别重大事项可延至搁笔。详今明古，着重反映时代特色和地方特点，重点体现各镇的“名”与“特”。

四、记述范围　记述地域范围以下限年份的行政辖区为主。为体现名镇在更大区域内的意义，可以从更开阔的区域视野记述与该镇相关的内容。

五、总体结构　统一采用纲目体，设类目、分目、条目三个层次。横排门类，纵述史实。所设类目除《中国名镇志丛书基本篇目》要求的必设内容外，个别事项根据本镇实际情况适当作升格或降格处理。

六、体裁形式　综合运用述、记、志、传、图、表、录等各种体裁，以志体为主。体裁运用适当创新，篇目设置不求面面俱到，一般意义上的乡镇级内容可简略记述。

七、语言文体　除引用文字和附录文献资料外，统一使用规范的现代语体文记述，行文力求朴实、严谨、简洁、流畅，具有较强可读性。

八、人物载录　人物类目设人物传略、名人与 ×× 镇、人物表录等分目。人物传略遵循“生不立传”原则，选录对本镇发展有重大影响者，按生年排序。名人与 ×× 镇记述在政治、经济、文化、社会等方面有重大影响的著名人物（政治家、艺术家等）在本镇的活动历史片段。同时，在其他类目中采用以事系人的方式介绍人物。

九、图照表格　志中随文配图，图下设文字说明，图文并茂。表格统一编排序号。

十、数据　各项数据一般采用国家统计部门数据。数据缺乏的，采用主管部门或主办单位正式提供的数据。

十一、计量单位　采用国务院 1984 年 2 月发布的中华人民共和国法定计量单位。历史上使用的计量单位，如斗、石、里、尺、磅、华氏度等，在引文时照录，并以类目为单位首次出现时应加注。

十二、纪年　中华民国成立前的纪年，使用朝代年号纪年，括注公元年份；中华民国成立后的纪年，均使用公元纪年。志中所称“解放前（后）”，以该镇解放日为界；“新中国成立前（后）”，以中华人民共和国成立日 1949 年 10 月 1 日为界；“改革开放前（后）”，以 1978 年 12 月中共十一届三中全会召开为界。“×× 年代”，凡未加世纪者，均指 20 世纪。

十三、称谓　记事概以第三人称记述。人名直书其姓名，必要时冠以职务职称。地名以现行标准地名为准。如使用历史地名，于首次出现时括注现行地名。各个历史时期的党派、团体、组织、机构、职务等均以当时名称为准。对于称谓过长而又频繁使用者，于首次出现时使用全称并同时括注简称，之后使用简称。

十四、数字、标点　遵循国家标准和出版规定，志中数字书写以 GB/T 15835—2011《出版物上数字用法》为准，使用标点符号以 GB/T 15834—2011《标点符号用法》为准。

十五、注释　行文中的注释，一律采用页下注；附载文章于篇后注明资料来源。

十六、本凡例对于各镇志编纂中的未尽事宜，在“编纂始末”中予以说明。

目　录

概述

LOCAL RECORDS OF GAOCUN

高村乡距郑州市区 30 千米，距荥阳市区 11.5 千米，总面积 106.11 平方千米，辖 30 个行政村，68 个自然村，216 个村民组，6.3 万人，先后荣获“河南省经济社会发展百强乡镇”“河南省文明村镇”“河南省卫生乡镇”“省级生态乡镇”“河南省健康乡镇”“河南省特色生态旅游示范镇”“郑州市最具潜力发展乡镇”“郑州市绿化模范乡镇”等荣誉称号。

一

交通便利，区位优越。连霍高速荥阳站下站口设在高村境内，X036、G234 国道纵贯南北，S314 沿黄快速通道横贯东西，焦郑黄河大桥、荥武黄河浮桥在高村连通郑州和焦作两市，交通区位优势十分显著。

历史悠久，文化厚重。高村乡地处中原腹地，渡口文化、河神文化，黄河故事源远流长，生生不息。北依广武山，南俯砾石溪。北有我国最早发现的新石器时代仰韶文化遗址秦王寨，南有西周文化遗址官庄遗址。另有秦氏旧宅、西司马遗址、刘沟遗址、池沟寨遗址 4 处河南省级文物保护单位；西张村遗址、秦氏家庙、大骨头峪遗址、中共油坊地下联络站遗址 4 处郑州市级文物保护单位；穆寨玉仙圣母庙、王祥冢、建德城遗址、高村寺遗址、竖河遗址 5 处荥阳市级文物保护单位。

广武山飞龙顶　石保定 摄

G231 国道　王红斌 摄

三

在完成脱贫攻坚任务的基础上，扎实开展新时代文明实践活动，不断完善农村文化基础设施，建成乡综合文化站1个和村级文化服务中心30个。辖区文化活动丰富多彩，成立舞狮、秧歌、广场舞、健步走等群众文艺队伍32个。近年来，以创建省级文明乡镇为抓手，全面提升群众文明素质和社会文明程度，创成荥阳市级文明村17个，辖区群众精神富足、生活富裕，乡风文明。

民生保障持续发力。高村乡教育和公共卫生服务水平不断提升，全乡有初中1所，小学2所，幼儿园6所。乡中心卫生院分高村和北邙两个院区，在职卫生技术人员66人，持续改善医疗卫生条件，科室齐全，设备先进，是荥阳市第一家实现数字化管理的乡镇卫生院；辖区内建有标准化村级卫生室30个，乡村医生62名，2016年被国家卫生和计划生育委员会授予"群众最满意乡镇"。优抚救助、社会福利和慈善等事业取得长足发展，实施积极的就业政策，大力开展技能培训，提高农民适应现代社会发展能力，推进农民本土就业。

党的建设全面加强。高村乡党委坚决落实党建责任，加强基层阵地建设，为全乡30个村级党支部统一打造了便民服务中心和党员活动室。以"五星支部"创建为抓手，加强对辖区党支部的管理，截至2023年年底，高村乡党委下设党总支23个，其中行政村22个、机关1个；76个党支部，其中行政村党支部59个、乡机关党支部7个，乡直党支部2个、非公企业党支部8个，党员2310名。形成全领域统筹、全覆盖推进、全方位引领的大党建格局，最大效应的发挥基层党组织的战斗堡垒作用和党员干部的先锋模范作用，全面推进基层党建工作提质增效，为全乡经济社会高质量发展提供坚强组织保证。

高村乡围绕"一横一纵两河一片区一核心"功能布局，紧抓黄河高质量发展机遇，牢固树立新发展理念，构建新发展格局，把高村乡建设成为经济繁荣、社会稳定、环境优美的可持续发展地区，实现高村乡"颜值气质"双提升，宜居、宜业、宜游的乡村形象深入人心。

基本乡情

LOCAL RECORDS OF GAOCUN

建置区划

乡名由来

高村以金朝高氏聚居得名，故名高村。在明为里，清为镇。

建置沿革

辖区商为嚣（音敖）地；西周属东虢；春秋属郑；战国属韩；秦属三川郡，有敖仓；汉属荥阳郡；晋、隋承之。

唐开元二十二年（734 年）割汜水、荥泽、武陟三地置河阴县，属河阴县；宋、金、元、明皆承之。

清顺治三年（1646 年），河阴县有六保，分属金山保、仓头保、高村保；清乾隆三十

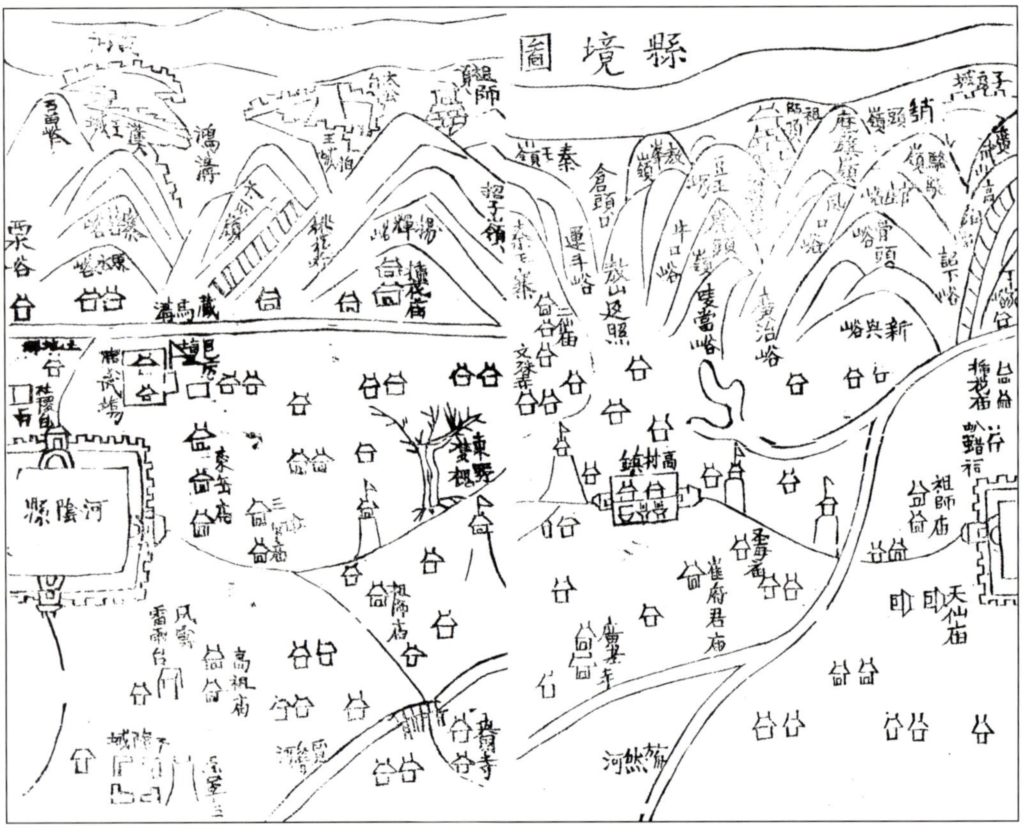

《（康熙）河阴县志》中高村乡位置图

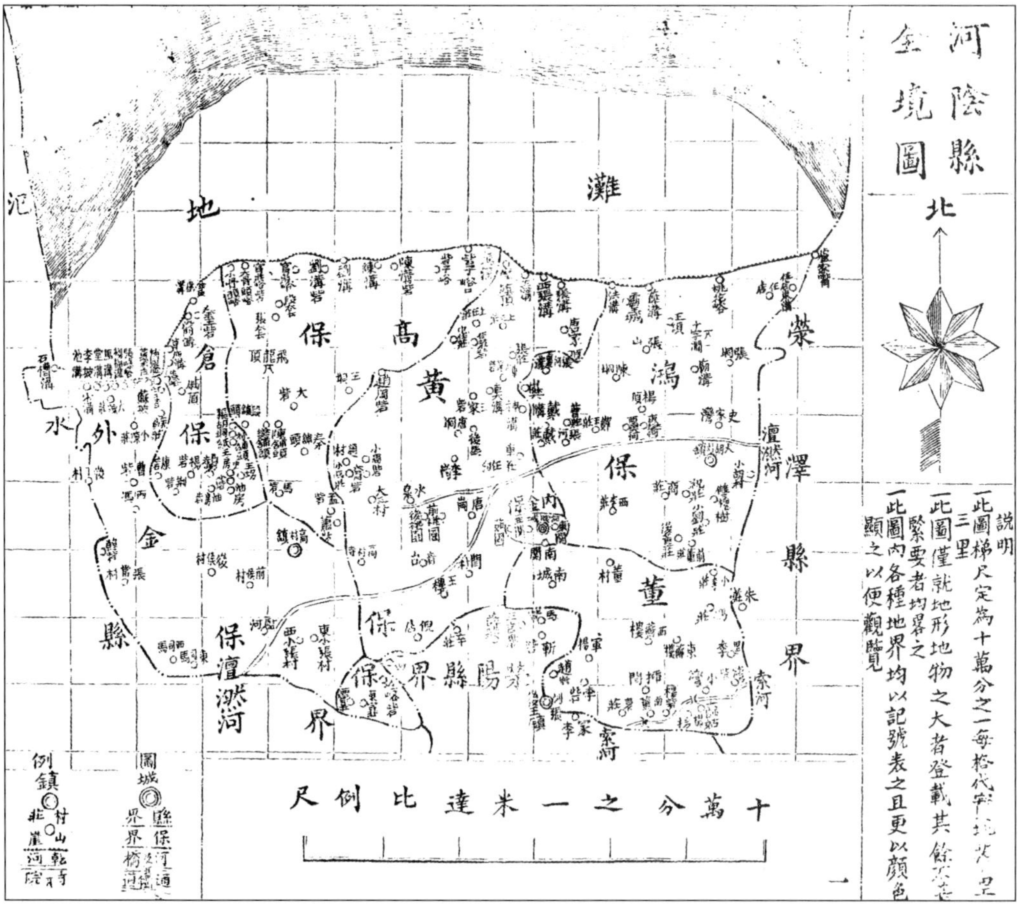

《（民国）河阴县志》（民国七年刻本）中的高村乡

年（1765年）河阴县并入荥泽县，设河阴乡，属河阴乡。

1912年8月，复置河阴县，分属金保、高保、仓保、黄保及汜水县东北区穆寨仓、木楼仓、新庄仓。

1926年，置区，北、中部属河阴县高村区。

1931年7月，河阴、荥泽合并为广武县，分属第六区、第七区及汜水县第二区。

1937年，第六、第七区并为高村区，原汜水县部分今高村乡南部1941年属济渎乡。

1945年，高村区改为高村镇。

1948年10月，汜水、广武并为成皋县；高村镇改为高村区，属成皋县。

1949年，高村区辖13个乡。

1952年9月，属第三区，高村寺乡并张村乡，官峪乡分出刘沟乡，仍辖13乡。

1954年6月，成皋、荥阳并为荥阳县，属第八区，区辖13乡。

1956年元月，合区划乡，划分为油坊、司马2个中心乡，乡下有高级社。

1957年2月，增刘沟、穆寨两个中心乡，其中司马、油坊、刘沟3个中心乡属高村区，穆寨中心乡属白杨区。

1957年5月，中心乡改置基层乡，分刘沟乡、油坊乡、司马乡。

1958年5月，合23个高级社，建东风人民公社，下辖17个大队，南部地区并入白杨人民公社。

1959年2月，改为高村管理区，5月改为高村人民公社，辖区为今高村乡、不含南部穆寨、东大村一带，下辖17个大队。

1960年，南部圈子、穆寨、吴村、官庄、大张自汜水公社并入。

1961年，东大村并入，同年高村人民公社改设为高村区，下辖67个自然村，分高村、司马、油坊、穆寨及官峪共5个小公社，有22个生产联队、182个生产队；

1963年4月，撤销5个小公社，恢复高村人民公社，辖18个大队。

1976年2月，原高村人民公社分为高村、北邙2个人民公社。高村人民公社辖15个大队，北邙公社辖11个大队。

1983年6月，体制改革，高村人民公社改称高村乡，辖16个行政村（高村、高村寺、马寨、史坊、油坊、荆寨、马沟、常村、真村、司马、前圈子、后圈子、穆寨、吴村、官庄、张村），149个村民组，51个自然村。

1991年，常村分成杜常村、韩常村、张常村3个行政村，高村乡辖18个行政村（高村、高村寺、马寨、史坊、油坊、荆寨、马沟、杜常村、韩常村、张常村、真村、司马、前圈子、后圈子、穆寨、吴村、官庄、张村），160个村民组，53个自然村。

2005年，北邙乡并入高村乡，统称高村乡，辖29个行政村（高村、高村寺、马寨、史坊、油坊、荆寨、马沟、杜常村、张常村、韩常村、真村、司马、前圈子、后圈子、穆寨、吴村、官庄、张村、周寨、宋村、秦铺头、陈铺头、刘铺头、牛口峪、刘沟、官峪、枣树沟、邙山、安仁寨），212个村民组，68个自然村。

2010年，新增南水北调自南阳市淅川搬迁移民村李山，现辖30个行政村，216个村民组，68个自然村。

北邙乡

1976年2月，成立北邙公社。

1983 年 5 月，体制改革，撤社建乡，北邙公社改称北邙乡，辖 11 个行政村（周寨、宋村、秦铺头、陈铺头、刘铺头、牛口峪、刘沟、官峪、枣树沟、邙山、安仁寨），63 个村民组，29 个自然村。

2005 年，与高村乡合并，统称高村乡。

所辖村庄

截至 2023 年年底，高村乡辖 30 个行政村：高村村、高村寺村、马寨村、史坊村、油坊村、荆寨村、马沟村、杜常村、韩常村、张常村、司马村、真村村、前嗂子村、后圈子村、穆寨村、吴村村、官庄村、张村村、周寨村、宋村村、秦铺头村、陈铺头村、刘铺头村、牛口峪村、枣树沟村、官峪村、刘沟村、邙山村、安仁寨村、李山村。

高村村 高村乡政府所在地，面积 6.5 平方千米。辖高村、前侯村、后侯村 3 个自然村，17 个村民组，共 1643 户、6755 人。主要姓氏李、张、秦、马、郝等。

高村寺村 位于高村乡政府东北约 1.5 千米处，面积 4.2 平方千米。辖高村寺、肖寨、孟寨、大王村 4 个自然村，10 个村民组，共 895 户、3809 人。主要姓氏张、荆、李、孟、肖、黄、朱等。

高村村 王红斌 摄

高村寺村　王红斌 摄

马寨村　位于高村乡政府西北 2 千米处，面积 2.44 平方千米。辖 7 个村民组，共 456 户、1927 人。主要姓氏马、赵、张、陈等。

史坊村　位于高村乡政府西北 2.6 千米处，面积 2.4 平方千米。辖史坊、向阳村 2 个自然村，10 个村民小组，共 710 户、3002 人。主要姓氏张、王、秦等。

油坊村　位于高村乡政府西北 3 千米处，面积 1.59 平方千米。辖油坊村、西赵寨 2 个自然村，7 个村民小组，共 523 户、2135 人。主要姓氏秦、张、王、刘、杨、李、闫等。村内有省级文物保护单位秦家 1 号大院，郑州市文物保护单位八路军联络站、秦氏家庙等明清建筑。

荆寨村　位于高村乡政府西北 4 千米处，面积 5 平方千米。辖荆寨、曹寨、杨寨、西冯、康寨 5 个自然村，12 个村民组，共 783 户、3360 人。主要姓氏荆、冯、曹、李、康、张、杨等。

马沟村　位于高村乡政府西北 4.8 千米处，面积 3.2 平方千米。辖马沟、陈庄 2 个自然村，9 个村民组，共 590 户、2583 人。主要姓氏程、肖、李、高等。村内有省级文物保护单位池沟寨遗址。

杜常村　位于高村乡政府西 4 千米处，面积 0.84 平方千米。辖 3 个村民组，共 225 户、994 人。主要姓氏杜、冯、石、李等。

韩常村　位于高村乡政府西 3.8 千米处，面积 0.898 平方千米。辖 4 个村民组，共 311 户、1287 人。主要姓氏韩、许、高、赵等。

马寨村 陈重孚 摄

史坊村 陈重孚 摄

油坊村　陈重孚 摄

荆寨村　陈重孚 摄

马沟村　周建功 摄

杜常村　杜光辉　摄

韩常村　陈重予　摄

张常村 位于高村乡政府西3.3千米处，面积1.52平方千米。辖4个村民组，共344户、1461人。主要姓氏张、冯、王、李等。

司马村 位于高村乡政府西南3.5千米处，面积3.6平方千米。辖东司马、西司马、竖河3个自然村，9个村民组，共783户、3418人。主要姓氏侯、张、田等。

真村村 位于高村乡政府西南4千米处，面积5.14平方千米。辖前真村、后真村、刘寨、东大村4个自然村，17个村民组，共983户、4533人。主要姓氏赵、王、刑、李、汪、杜、刘、虎等。

前嵯子村 位于高村乡政府西南6千米处，面积0.5平方千米。辖2个村民组，共113户、480人。主要姓氏高、张、史等。

后圈子村 位于高村乡政府南4千米处，面积2.5平方千米。辖后圈子、郑家门、邢家门3个自然村，5个村民组，共246户、1054人。主要姓氏薛、王、张、黑、邢、范等。

穆寨村 位于高村乡政府南3.5千米处，面积4平方千米。辖穆寨、荣郑寨2个自然村，11个村民组，共602户、2628人。主要姓氏穆、丁、王、张、柴、荣等。村内有荥阳市文物保护单位玉仙圣母庙。

吴村村 位于高村乡政府西南部5.6千米处，面积1.53平方千米。辖吴村、徐寨2个自然村，8个村民组，共390户、1621人。主要姓氏高、王、吴、季、陈、杜、张、徐、石、段等。

张常村 陈重孚 摄

司马村　姜增杰 摄

真村村　姜增杰 摄

前嗞子村　姜增杰 摄

后圈子村　姜增杰 摄

吴村村 姜增杰 摄

穆寨村 姜增杰 摄

官庄村 位于高村乡政府东南4千米处，面积1.667平方千米。辖4个村民组，共482户、2118人。主要姓氏王、张、马、丁、李等。村内有全国重点文物保护单位官庄遗址。

张村村 位于高村乡政府南2千米处，紧邻G234国道，面积5.1平方千米。辖西张、东张、大张3个自然村，10个村民组，共656户、2840人。主要姓氏张、王、唐、马、李、苏、秦、丁、董、赵、杜、焦、陈等。

周寨村 位于高村乡政府东北3千米处，面积0.53平方千米。辖大周寨、小周寨（后周）、小马庄（马庄）3个自然村，5个村民组，共472户、1900人。主要姓氏周、马等。

宋村村 位于高村乡人民政府东北3.2千米处，面积2.2平方千米。辖宋村、王垌2个自然村，5个村民组，共357户、1423人。主要姓氏宋、王、田、马、陈、赵等。

秦铺头村 位于高村乡政府北3千米处，面积2.9平方千米。辖6个村民组，共375户、1510人。主要姓氏秦、张、马、崔、李等。

陈铺头村 位于高村乡政府北2.5千米处，面积5.84平方千米。辖陈铺头、樊铺头2个自然村，8个村民组，共624户、2558人。主要姓氏陈、樊、王、于、赵、李、马、裴、

官庄村 姜增杰 摄

张村村　姜增杰 摄

周寨村　周建功 摄

宋村村　王红斌 摄

秦铺头村　王红斌 摄

陈铺头村　王红斌 摄

张、刘、秦等。

刘铺头村 位于高村乡政府西北3.9千米处，面积2.53平方千米。辖刘铺头、段铺头、周胡垌、纸王（庄）4个自然村，7个村民组，共629户、2620人。主要姓氏张、刘、段等。

牛口峪村 位于高村乡政府西北4.9千米处，面积6平方千米。辖黄牛寨、戚顶、柿园沟、草庙沟、黄家台、苏坡、牛口峪7个自然村，9个村民组，共625户、2729人。主要姓氏戚、黄、张、苏等。

枣树沟村 位于高村乡政府西北7.1千米处，面积0.66平方千米。辖枣树沟1个自然村，3个村民组，共100户、451人。主要姓氏张、吴、赵等。村内有全国重点文物保护单位秦王寨遗址。

官峪村 原名官庄峪，位于高村乡政府西北7.6千米处，面积1.61平方千米。辖官峪、骨头峪、段套3个自然村，9个村民组，共311户、1348人。主要姓氏陈、黄、秦、段等。该村曾为明代周王府庄园故又名官庄峪。村内有郑州市级文物保护单位大骨头遗址。

刘沟村 旧名神峪，位于高村乡政府北7.5千米处，面积2.7平方千米。辖9个村民组，共392户、1790人。主要姓氏刘、张、马等。村内有省级文物保护单位刘沟遗址。

刘铺头村 陈重孚 摄

牛口峪村　周建功 摄

枣树沟村　周建功 摄

官峪村　周建功 摄

刘沟村　周建功 摄

邙山村　周建功 摄

安仁寨村　周建功 摄

李山村　姜增杰 摄

邙山村　又名新建村，位于高村乡政府北约 7 千米处，面积 0.69 平方千米。辖 1 个村民组，共 108 户、480 人。主要姓氏张、陈、吴、王、蔡等。

安仁寨村　又名赵周寨，位于高村乡政府东北约 6.5 千米处，广武山南麓，面积 0.25 平方千米。辖 1 个村民组，共 37 户、155 人。主要姓氏马、冯、周、王等。

李山村　位于高村乡政府南 3 千米处，面积 0.63 平方千米。辖 4 个村民组，共 192 户、870 人。主要姓氏为李姓。高村乡李山村是河南省南水北调丹江口库区第一批移民安置村，2010 年 8 月搬迁到荥阳高村乡。

自然环境

地理位置

高村乡位于荥阳市北部，距荥阳市城区 11.5 千米，地理坐标为东经 113°17′，北纬 34°43′，高村乡南北长 16.5 千米，东西宽 8.5 千米，总面积 106.11 平方千米，东邻荥阳市广武镇，南与荥阳市城关乡接壤，西南与荥阳市金寨乡相连，西部与荥阳市王村镇相

G234 国道穿境而过 周建功 摄

连，北跨黄河与焦作市武陟县相望。高村乡区位优越，连霍高速高村站设在境内，X036、G234、沿黄快速路穿境而过。

地 形

高村乡南北长，东西窄。最高海拔 257.9 米，最低海拔 120 米。整体地形北高南低，北部丘陵山区，南部平原。

山 脉

广武山（当地俗称邙山岭）位于高村乡北部，北临黄河，平均海拔 150 ~ 191 米。属嵩山余脉，东西走向。西起马沟村，东至安仁寨。枣树沟村、官峪村、刘沟村、邙山村、安仁寨村现均位于广武山上。

高村乡北部丘陵山区　刘艳娜 摄

高村乡南部平原　姜增杰 摄

高村之秋　石保定 摄

高村之冬　石保定 摄

黄河 石保定 摄

水 文

黄 河 辖区黄河长度为 11 千米，由高村乡马沟村入境，流经牛口峪村、枣树沟村、官峪村，由刘沟村出境。水面宽处达 2 千米，流量一般为 200 ~ 250 立方米 / 秒，枯水期流量为 80 ~ 100 立方米 / 秒，水最深处达 5 米以上，浅处达 2 ~ 3 米。滩区总面积 7700 亩。

砾石溪（枯河） 属四级河道，高村乡段总长 5.6 千米，由高村乡真村村入境，流经司马村、张村村、高村村，由高村寺村出境。河网密度 0.15 千米 / 平方千米，年径流量 788.4 万立方米，年排涝量 900 万立方米，年均流量 0.2 立方米 / 秒。

黄河湿地 郑州黄河湿地自然保护区涉及高村乡牛口峪村、马沟村、枣树沟村、官峪、刘沟村 5 个行政村，分为核心区、缓冲区和实验区。

土 壤

白 土 主要分布于高村乡淤荒谷地区、沟地，土壤质地差，共计 36146 亩。

枯河　王红斌 摄

黄河湿地　石保定 摄

黄河滩地　石保定 摄

白立土 主要分布于高村乡丘陵和山脉地区，属于褐土土类，褐土亚类，立黄土层，共计 18163 亩。

潮白土 主要分布在高村乡中南部，养分含量较高，属于粮食高产土质，共计 17085 亩。

立黄土 主要分布于高村乡中部，有机质含量 1.1%，是露地蔬菜和设施蔬菜的优质土质，共计 8022 亩。

物 产

植物类

农业物产 小麦、大麦、玉米、谷子、稻子、高粱、黑豆、绿豆、红豆、黄豆、豌豆、扁豆、红薯、芝麻、花生、油菜、向日葵、董麻、芥菜、棉花、大葱、香葱、生菜、

小麦 王红斌 摄

上海青、小白菜、茼蒿、韭菜、姜、白菜、白萝卜、红皮萝卜、胡萝卜、莲藕、洋葱、茄子、番茄、菠菜、黄花菜、大头菜、芹菜、花菜、芋头、土豆、豆角、山药、冬瓜、荀瓜、西葫芦、苦瓜、丝瓜等。

花卉树木 法桐、垂柳、龙爪槐、香花槐、国槐、梓树、淀树、五角枫、白蜡、玉兰、合欢、油松、白皮松等。蝴蝶兰、红掌、凤梨、多肉、龟背竹、海棠花、石榴花、荷花、桃花、杏花、梨花、月季、玫瑰花、茉莉花、蔷薇花、合欢花、白玉兰花、紫玉兰花、广玉兰花、芙蓉花、桂花、菊花、梅花、丁香花、金银花、凌霄花、水仙花、郁金香花、马兰花、鸡冠花、太阳花、风信子花、仙人掌花、八仙花、小苍兰花、紫茉莉花、夜来香花、含羞草花、凤仙花、牵牛花、蝴蝶兰花、百合花、睡莲花、仙客来花、报春花、蒲包花、鹤望兰花、绣球花、紫荆花、紫薇花、扶桑花、双色茉莉花、吊钟海棠花、铃兰花、牡丹花、芍药花、扶郎花、桔梗花、康乃馨花等。

瓜果物产 河阴石榴、白酸梨、西瓜、甜瓜、杏、苹果、梨、樱桃、葡萄、草莓、枣、桃、核桃、无花果、柿子、甘蔗等。

瓜果物产之一 石保定 摄

动物类

家禽家畜 猪、牛、蛋鸡、鸽子、奶牛、肉牛、羊等。

飞 禽 花喜鹊、灰喜鹊、乌鸦、白脖老鸹、啄木鸟、柿喳、麻雀、大雁、小燕、黄莺、杜鹃、布谷鸟、鹌鹑、黄雀、山鸡、赤麻鸭、猫头鹰、雕、戴胜等。

鱼 类 鲤鱼、鲫鱼、泥鳅、黄河鮈、青鱼、草鱼、鲶鱼、生鱼、黄鳝、鲈鱼、鲢鱼、中华鲟等。

昆 虫 蝗虫、蚱蜢、蜻蜓、蚰子、蟋蟀、蝉、螳螂、斑衣、蜡蝉、天蛾、灯蛾、凤蝶、蛱蝶、粉蝶、蝼蛄、螟蛉、金针虫、金龟子、象鼻虫、盲椿象、天牛、瓢虫、蚊、苍蝇、草蛉、齿蛉、尺蠖、蜜蜂、椽头蜂、蚂蚁、牛虻等。

飞禽之一 石保定 摄

飞禽之二　石保定 摄

飞禽之三　石保定 摄

飞禽之四　石保定 摄

人口民族

人口总量

1953 年，全国第一次人口普查总数为 4637 户、20650 人。

1964 年，全国第二次人口普查总数为 5660 户、26451 人。

1982 年，全国第三次人口普查总数为 7854 户、36516 人，其中男性 18031 人，女性 18485 人。

1990 年，全国第四次人口普查总数为 9480 户、38508 人，其中男性 19212 人，女性 19296 人。

2000 年，全国第五次人口普查总数为 9547 户、36699 人，其中男性 18576 人，女性 18123 人。

2010 年，全国第六次人口普查总数为 12930 户、44004 人，其中男性 22219 人，女性 21785 人。

2020 年，全国第七次人口普查总数为 15255 户、64216 人，其中男性 32590 人，女性 31626 人。

截至 2023 年年底，辖区总户数为 15145 户、64060 人，其中男性 32568 人，女性 31492 人。

源流迁徙

辖区大多数村都以最早在该村落户者的姓氏命名。如有马寨村、张常村、穆寨村、刘铺头村、秦铺头村、韩常村等，大多是各个朝代迁徙至此后扎根于此。

民族构成

截至 2023 年年底，辖区常住 13362 户、36136 人，其中汉族 35884 人，其他民族 252 人，包括回族 165 人，蒙古族 2 人，维吾尔族 3 人，壮族 14 人，朝鲜族 2 人，土家族 9 人，满族 20 人，藏族 3 人，苗族 9 人，彝族 5 人，瑶族 5 人，黎族 4 人，傈僳族 2 人，佤族 1 人，拉祜族 3 人，纳西族 3 人，锡伯族 2 人。

姓氏组成

据户籍数据统计高村乡共有姓氏 324 个，主要包括张、王、秦、李、陈、马、刘、冯、侯、荆、赵、段、宋、丁、黄、高、杜、韩、杨、田、贾、肖、程、郝、孟、吴、樊、苏、周、康、董、闫、任、柴、朱、魏、薛、戚、孙、徐、郑、于、荣、邓、郭、史、季、崔、穆、石、付、曹、蔡、邢、岳、袁等。

冯氏发源地 早在四千年前的尧舜时期，东夷中（今山东菏泽一带）有一支以白头翁为图腾的河伯族，到帝芒时代出了一杰出的首领冯夷，后称霸于河洛地区。他在此囤土筑城安营扎寨以姓而得名为冯城。该城位于高村乡荆寨村。

全乡户籍在册冯姓人口有 1488 人，是高村乡的主要姓氏之一。

社会发展

科技科普

高村乡地处平原，农耕、水利条件便利，科普工作起步较早。1956年5月，成立高级农业合作社，调动了农民种地的积极性。1958年7月，部分农具得到了改良和试制，部分新式农具已经用到了农村。1984年，高村乡下设七所八站，农机站、农技站等成立，农业机械化程度有了更大提高。2008年12月，高村乡刘沟村被中国科协、财政部评为全国科普惠农兴村先进单位。党的十八大以来，高村乡党委、政府积极响应，因地制宜开展高村乡科技科普工作。农业以种养业为主导，力求特色农业有突破；工业以项目建设为龙头，促进工业经济发展。截至2023年年底，辖区内共有郑州市认定科技型企业22家，高新技术企业13家。郑州昌明农牧科技有限公司2020年被河南省科协、河南省文明办授予“优秀科普教育基地”。

河南省科普教育基地——郑州绿万家园艺有限公司植物课堂 石保定 摄

高村乡草莓种植大棚　王红斌 摄

学校教育

中华人民共和国成立前，各村大部分办有私塾学堂。

1935 年，成立高村国民小学，高村高级小学。

1945 年，创建油坊国民小学；1946 年，增设高级班；1947 年，油坊国民小学更名为高村区第二中心国民学校。

1948 年，全乡范围内共有国民学校 22 处。

1949 年，全乡范围内有初级小学 25 处，初中 7 处。

1956 年，在油坊创建荥阳县“第五初级中学”。

1958 年，高村人民公社开办第一所农业中学。

1962 年，荥阳县“第五初级中学”改为荥阳县“第六初级中学”。1969 年，荥阳县“第六初级中学”改为荥阳县高村高中。1974 年，荥阳县高村高中改为荥阳县高村公社五七学校。1978 年暑假后，荥阳县高村公社五七学校再次命名为荥阳县高村高中。

1982 年 7 月，荥阳县高村高中又改为高村乡初级中学（即乡重点初中）。

1982 年，高村乡各行政村均设有初中。

1983 年，进行合点并校，全乡有乡重点初中、高村初中、荆寨初中、司马初中、真村初中、穆寨初中所 6 初级中学。各行政村都还设有完全小学一所，有些自然村还设有初小。各村还都办起了学前班，附设在村办小学。

1985 年，创建高村职业高中。

1990 年，高村乡初级中学迁入高村职业高中，高村职业高中停办。

1995 年，在大张东创建高村乡第二初级中学，原高村乡初级中学改为高村乡第一中学，原来的六所初中合并进这两所中学里。

1997 年，张村村、高村村相继开办了两所幼儿园。

2001 年，小学进行合点并校，保留 8 所完全小学和 5 所初小。同年，创建高村乡实验小学。

2002 年春，高村乡第六中心小学（原高村乡司马小学）搬迁新校址，地址在东司马村北 200 米。

2002 年秋，高村乡实验小学搬迁到高村乡第六中心小学校区，谓之“一院两学”。同年，创建高村乡中心幼儿园。

2008 年，合点并校，高村乡第二初级中学更名为荥阳市高村乡第一中学。原高村乡第一中学更名为荥阳市高村乡第二中心小学。高村乡实验小学更名为荥阳市高村乡第一小学。

2009 年，高村乡第二中心小学改为荥阳市高村乡第二小学，同年 8 月在高村乡陈铺头村创办七彩阳光幼儿园。

2010 年秋，在李山村（移民村）创办高村乡第二幼儿园。

2013 年 8 月，陈铺头村七彩阳光幼儿园由私立幼儿园改为全日制公办幼儿园，同时更名为荥阳市高村乡第三幼儿园。

2020 年 9 月，高村乡第三幼儿园又更名为高村乡第一中心幼儿园陈铺头村分园，高村乡第二幼儿园更名为高村乡第二中心幼儿园李山村分园。

2023 年 8 月，为进一步整合教育资源，原荥阳市高村乡第一中学和荥阳市高村乡第二中学合并，荥阳市高村乡第一中学撤销，荥阳市高村乡第二中学更名为荥阳市高村乡初级中学。

截至 2023 年年底，全乡共有初中 1 所，小学 2 所，幼儿园 6 所，其中，公办幼儿园 3 所，民办幼儿园 3 所。

高村乡第一小学 石保定 摄

高村乡第一小学 创建于2001年8月，位于高村乡东司马村北，是一所农村寄宿制学校，学校占地面积11433平方米，建筑面积5220余平方米。现有10个教学班，在校生436人，教师24人。该校是郑州市“文明学校”、郑州市中小学德育建设“先进单位”。

高村乡第二小学 创建于2008年，位于高村乡后侯村。学校占地面积22678平方米，建筑面积7300余平方米。现有10个教学班，在校生407人，教职员工32人。该校是郑州市青少年校园足球先进单位。

高村乡第一中学 创建于1995年，位于高村乡大张路口往东200米处。学校占地面积3600平方米，建筑面积4564平方米。现有7个教学班，在校生310人，教师36人。该校是“郑州市普通初中教育教学先进单位”，2023年8月与荥阳市高村乡第二中学合并，高村乡第一中学撤销。

高村乡第二中学 创建于1977年，位于陈铺头村东头。原荥阳县北邙高级中学，1980年高中县办，北邙高级中学撤并至油坊高中，改办北邙初级中学。2006年北邙乡又合并至高村乡，学校更名为高村乡第三初级中学。2008年高村乡进一步整合教育资源，合点并校，学校改为中小学合一的九年一贯制学校，学校更名为高村乡第二中学。学校占

高村乡第二小学　王红斌 摄

高村乡第二小学校园足球　王红斌 摄

高村乡第二小学 王红斌 摄

高村乡第一中学（2023 年） 姜增杰 摄

高村乡第一中学实验课　姜增杰 摄

高村乡第二中学（2023 年）　王红斌 摄

高村乡第二中学体育活动　王红斌 摄

地面积2.01万平方米，建筑面积约6200平方米。现有11个教学班，其中：初中3个教学班，学生数142人；小学8个教学班，学生数283人；在职教职工43人。

高村乡第一中心幼儿园　创建于2002年，位于高村乡高村村文化街。学校占地面积8200平方米，建筑面积3853平方米。现有6个教学班，147名幼儿，教职工23人。该校是郑州市一级幼儿园。

高村乡第一中心幼儿园陈铺头村分园　创建于1996年7月，位于高村乡陈铺头村。学校占地面积4500平方米，建筑面积2235平方米，户外活动场地1200平方米。现有教学班5个，在校幼儿153人，教职工23人。该校是郑州市一级幼儿园。

高村乡第二中心幼儿园李山村分园　创建于2010年，位于高村乡李山村。学校占地面积2853平方米，建筑面积为1877平方米，现有教学班5个，在校幼儿129人，教职工20人。该校是郑州市一级幼儿园。该校在2019年荥阳市师生才艺大赛活动中，其花样跳绳项目获得荥阳市第一名。

高村乡第一中心幼儿园　王红斌 摄

高村乡第二中心幼儿园　姜增杰 摄

高村乡第二中心幼儿园体育活动 石保定 摄

医疗卫生

中华人民共和国成立前，辖区医疗水平落后，多为半农半医的私人药铺，缺医少药，人民健康无法得到保障。

1952 年 8 月 1 日，正式成立高村区卫生所，地址在原来的福音堂（现在高村大队院）。

1956 年，合区划乡，区卫生所迁到区公所所在地。

1958 年 8 月 1 日，正式成立高村公社卫生院。

1978 年，卫生院更名为荥阳县高村中心卫生院。

1995 年 6 月，卫生院新门诊楼竣工，投入使用。

1994 年，卫生院更名为荥阳市高村中心卫生院。

1997 年 3 月，投资兴建穆寨分院。

2005 年 12 月 23 日，北邙乡与高村乡正式合并，北邙卫生院合并到高村中心卫生院统一管理，北邙卫生院更名为高村中心卫生院分院。

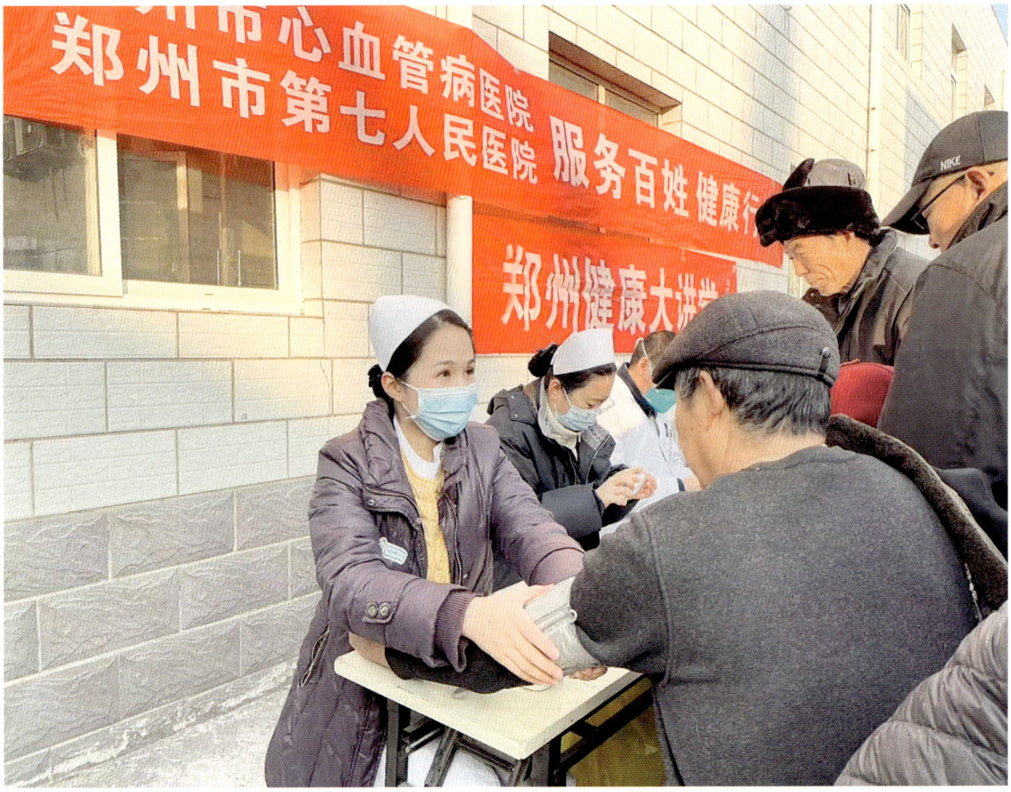

乡村义诊活动 王晓辉 供图

2009 年，穆寨分院人员撤回高村中心卫生院，穆寨分院撤销。

截至 2023 年年底，全乡公办卫生院 1 所，村卫生室 30 所。目前管理乡村医生 47 名，其中执业医师 2 名、执业助理医师 3 名、乡村全科执业助理 12 名，乡村医生 30 名。

荥阳市高村中心卫生院 始建于 1958 年，目前共有两个院区，分别为高村中心院区、北邙分院区（原北邙乡卫生院，始建于 1976 年）。其中高村中心院区占地面积 6606.67 平方米，北邙分院区占地面积 3468.75 平方米，总占地面积 10075.42 平方米。属于一级医院，现有职工 67 人，其中高级职称 2 人，中级职称 20 人，初级职称 32 人，非卫生技术专业人员 8 人，其他人员 5 人。卫生要主要承担基本医疗、预防保健、公共卫生等职能，核定床位 70 张，实际开放 70 张。新病房楼投入使用后，科室设置更加齐全，有内科、外科、儿科、骨科、中医科、皮肤科、口腔科、妇科、肛肠科、康复科 10 个临床科室，计免门诊、公共卫生管理科 2 个公共卫生服务科室以及彩超室、心电图室、检验科、放射科及 CT 投入使用等医技科室，更好地为辖区老百姓健康保驾护航。

群众文化

文化设施

1956 年，高村区分油坊、司马两个中心乡，乡设俱乐部，负责农村文化工作。

1964 年，成立乡广播站，主要播放时事政治新闻、文艺节目等。

1968 年，成立公社电影队，轮流到各村播放电影。

1969 年，成立乡办业余剧团，后期易名黄河豫剧团，1982 年解散。

1972—1983 年，全乡电影队相继发展至 11 个，经营方式多由个体承包，年放映 1500 场左右。

1978 年，成立乡级文化站，由县文化主管部门及乡政府领导，负责组织全乡群众文体活动。

1979 年，村村普及农民俱乐部（青年之家），在重大节假日组织开展文体活动。

1981 年，建成史坊影剧院，占地 3.4 亩，观众厅设 1700 个座位，每年放映电影百余场次，活跃了群众的文化生活。

1981 年，各村大队建立文化室，为群众开展文化娱乐活动提供了场所。

1982 年，电影放映队更名为电影管理站。

1983 年，建立乡通讯投递组，被省、市、县三级报纸和广播电台录用一百三十多篇。

1990 年后，随着经济形势的发展，文化娱乐活动的形式日益丰富。

2002 年，乡级文化站更名为高村乡文化服务中心。

2003 年，各村均建成农村文化大院，设立图书室、棋牌室。

2003 年，高村乡张常村、杜常村戏迷参加荥阳市文化局举办的戏曲业余大赛中分别获得一等奖、二等奖。

2009 年，高村乡综合文化站建成投入使用，内设图书阅览室一个，多功能教室一个，文体活动室一个，电子阅览室一个，棋牌活动室一个，日常办公室一间，文化器材储藏室一个。

2012 年，全乡 30 个村级文化大院设立农家书屋，配备图书累计 10000 册，配备电脑、投影仪、棋牌桌、多功能教室桌椅等设备，村级文化大院设施健全。同年，高村乡建成全市首个乡镇综合文化站电子阅览室，开通了信息资源共享平台。

2012 年 6 月，修缮省级文保单位油坊秦家大院。

2013 年 9 月，乡综合文化站代表郑州市迎接国家公共文化服务体系示范区创建检查，郑州市创成国家公共文化服务体系示范区。

2014 年 5 月，被河南省文化厅评定为全国乡镇综合文化站一级文化站。

2017 年，张村村建成文化广场。

2018 年，张村村建成标准化篮球场地。

2018 年，官峪村、周寨村、牛口峪村、韩常村建成文化广场。

2019 年，高村村建成标准化篮球场地。

2019 年，吴村、高村寺、张常村建成文化大舞台。

2020 年，高村村、油坊村、秦铺头村、刘铺头村建成文化大舞台。

2020 年，韩常村被河南省楹联学会授予“河南省楹联文化村”。

2022 年，司马村、陈铺头村建成笼式多功能运动场。

2023 年，韩常村建成笼式多功能运动场。

截至 2023 年年底，高村乡有村级综合文化服务中心 30 个，其中文化活动广场面积 30876 平方米，图书阅览室面积 960 平方米，图书 62470 册，文化活动室面积 760 平方米，

韩常村文化广场　陈重孚 摄

2020 年“郑州市舞台艺术进乡村进社区”演出活动　高村乡人民政府 供图

河南省楹联文化村—— 韩常村　陈重孚 摄

数字资源室面积 880 平方米，多功能培训室面积 3000 平方米，配备文化器材 126 套，广播器材 31 套，设置文化宣传栏 32 处，有业余文体团队 32 个，文化专兼职人员 35 名。全乡建成乡村文化大舞台 11 个，舞台面积 2100 平方米，建成多功能运动场 5 个，安装健身路径 96 条。

高村乡文化站

占地面积 450 平方米，设有图书阅览室、文体活动室、多功能培训室、公共电子阅览室，上架图书 1 万余册，配有乒乓球桌、棋牌桌等活动器材，每周免费对外开放 48 小时。

文化活动

从 1978 年开始，每年农历正月十五在高村人民公社门前组织元宵节文艺汇演。

1995 年 7 月，举办高村乡庆“七一”农民书画展。

2004 年，油坊村盘鼓队代表高村乡文化服务中心参加郑州盘鼓比赛，荣获二等奖。

2005 年，举办荥阳市第一届河阴石榴文化节。

2011 年，举办高村乡戏曲擂台赛。

2014 年，举办高村乡庆“七一”书画展。

2019 年 7 月 “党旗飘扬 红动高村”高村乡庆祝建党 98 周年文艺汇演 高村乡人民政府 供图

高村乡第二届业余棋王争霸赛　高村乡政府 供图

2017 年 9 月，举办高村乡“文明棋都杯”象棋培训活动；10 月，举办荥阳市“红心向党 舞动中原”暨“全民修身 出彩荥阳”广场舞初赛活动；11 月，举办河南省“百城万场”系列广场群众文化活动。

2018 年 3 月，举办河南省第十届万村千乡篮球赛高村乡初赛活动；6 月，举办高村乡“文明棋都杯”象棋培训活动；8 月，举办“一村一艺”广场舞免费培训活动；9 月，举办荥阳市第二届中国农民丰收节暨第十五届河阴石榴文化节；10 月，举办高村乡“草根大舞台”文艺汇演活动和高村乡“九九重阳节”活动。

2019 年 1 月，举办“笔墨凝香贺新春，挥毫迎春送万福”活动；7 月，举办“党旗飘扬 红动高村”高村乡庆祝建党 98 周年文艺汇演；9 月，举办高村乡“知象文化”文化大讲堂活动、“一村一艺”广场舞免费培训活动、2019 全国象棋业余棋王赛高村乡棋王预选赛活动、荥阳市第二届中国农民丰收节暨第十五届河阴石榴文化节；2019 年 10 月，举办高村乡草根大舞台文艺演出和荥阳市庆祝建国 70 周年广场舞大赛“舞动索城　出彩荥阳”高村乡初赛活动，以及高村乡道德讲堂活动。

2020年1月，举办高村乡“迎新春 送春联”活动。

2020年4月，举办“全民读书日”活动。

2020年6月，举办“阅读进校园 阅读悦成长”活动、高村乡“草根大舞台”文艺汇演活动、高村乡“一村一艺”戏曲培训活动。

2020年7月，举办高村乡“索城欢歌”经典歌曲大家唱初赛活动。

2020年8月，举办《荥阳娃知荥阳》楹联文化活动。

2020年9月，举办“一村一艺”广场舞免费培训活动、荥阳市“丰收杯”棋王赛高村乡初赛活动、荥阳市第三届中国农民丰收节暨第十六届河阴石榴文化节。

2020年10月，举办荥阳市四季风文化惠民文明实践项目暨2020年广场舞大赛“舞动索城”高村乡初赛活动。

2020年11月，举办高村乡“索城有戏”戏曲初赛活动。

2021年元月，举办高村乡“墨香四溢新春送春联”活动。

2021年4月，举办高村乡“世界读书日”主题阅读暨宣传活动。

2021年5月，举办高村乡“一村一艺”广场舞培训活动、高村乡“永远跟党走”群众合唱初赛。

2021年6月，举办高村乡史坊村开展书画交流活动、高村乡“铭记百年历史 传承红色基因”诗歌朗诵、高村乡四季风第二季“舞动索城”广场舞初赛、高村乡庆祝中国共产党成立100周年文艺演出。

2021年9月，第四届农民丰收节暨第十七届河阴石榴文化节。

2022年元月，举办高村乡韩常村第一届楹联文化节活动。

2022年2月，举办高村乡元宵节联欢晚会。

2022年4月，“喜迎二十大、欢乐进万家”盛世梨园我来唱戏曲高村乡初赛活动。

2022年7月，“好运弈棋来”棋王争霸寨高村乡初赛活动、荥阳市高村乡“喜迎二十大 七月先锋行”红色读书会。

2022年9月，荥阳市第五届中国农民丰收节暨第十八届河阴石榴文化节。

2023年元月，举办高村乡韩常村第二届楹联文化节活动。

2023年2月，举办高村乡2023年元宵节文艺汇演活动。

2023年4月，联合高村乡一中举办“红色故事我来讲”读书活动。

2023年8月，举办“荥阳·楚河汉界杯”第八届全国象棋业余棋王赛高村乡预选赛活动、组织乡级篮球队伍参加荥阳市村“BA”篮球比赛；荣获三等奖。

2023 年 9 月，举办荥阳市第六届中国农民丰收节暨第十九届河阴石榴文化节活动、“感恩老师，让心灵飘香”教师节插花活动。

2023 年 10 月，积极组织各村开展“重阳节”活动。

2023 年 11 月，举办高村乡全民健步走培训活动。

社会保障

社会保险

2008 年，高村乡开始实施城乡居民养老保险制度，2011 年，按政策实施全民参加城乡居民养老保险制度。

2011 年，城乡居民养老保险完成参保续费 26011 人。

2012 年，城乡居民养老保险完成参保续费 26931 人。

2013 年，城乡居民养老保险完成参保续费 27859 人。

2014 年，城乡居民养老保险完成参保续费 29653 人。

2015 年，城乡居民养老保险完成参保续费 30926 人。

2016 年，城乡居民养老保险完成参保续费 32016 人。

2017 年，城乡居民养老保险完成参保续费 32253 人。

2018 年，城乡居民养老保险完成参保续费 32854 人。

2019 年，城乡居民养老保险完成参保续费 33580 人。

2020 年，城乡居民养老保险完成参保续费 33677 人。

2021 年，城乡居民养老保险完成参保续费 34287 人。

2022 年，城乡居民养老保险完成参保续费 34664 人。

2023 年，城乡居民养老保险完成参保续费 34916 人。

医疗保险

2006 年，高村乡开始实施新型农村合作医疗保险制度。

2007 年，新型农村合作医疗保险完成参保续费 43786 人。

2008 年，新型农村合作医疗保险完成参保续费 45327 人。

2009 年，新型农村合作医疗保险完成参保续费 39567 人。

和消除绝对贫困的攻坚目标，圆满完成了脱贫攻坚各项任务。2020 年开始按照脱贫攻坚要求开展巩固脱贫成果与乡村振兴有效衔接工作要求，在全乡范围内扎实开展防返贫监测动态排查和针对性帮扶工作，持续开展巩固拓展脱贫攻坚成果与乡村振兴有效衔接，有序开展监测进出循环，防止出现大规模返贫。

周寨村 2014 年，被确定为省级贫困村，2016 年年底退出贫困村序列，全部建档立卡户实现脱贫。

扶贫工作开展以来，共投资 13 万元改造提升村级活动场所。新修道路 6524 米，新打机井 9 眼，安装压力罐 4 套，地埋电缆线 1640 米，地埋管道 10280 米。新建食用菌平菇大棚 10 座，建成扶贫产业基地。

邙山村 2014 年，被确定为省级贫困村，2016 年年底退出贫困村序列，全部建档立卡户实现脱贫。

扶贫工作开展以来，新修道路 6995 米，新打机井 7 眼，安装压力罐 3 套，新增变压器 2 台，地埋电缆线 400 米，地埋管道 12800 米，安装太阳能路灯 100 盏。建成 270 平方米石榴保鲜库。引进传统糕点加工企业郑州传中食品有限公司，带动贫困群众就业。

牛口峪村 2013 年，被确定为省级贫困村，2015 年退出贫困村序列，全村贫困户全部实现脱贫摘帽。

周寨村食用菌平菇大棚 石保定 摄

扶贫工作开展以来，针对“两不愁三保障”中存在的突出问题，实施相应措施，配备家具、电器等生活必需品，改善贫困群众住房 19 户。帮助建档立卡贫困户申请金融扶贫引导资金。建成爱心超市、儿童书屋。在三八节、六一儿童节、母亲节不间断开展关爱妇女儿童公益活动。经常性开展农业技术培训、电商辅导、农产品助销等活动，帮助群众依靠产业增收致富。

改善村庄基础设施和人居环境，新修道路 10390 米，新打机井 5 眼，配套压力罐 2 套，地埋电缆线 600 米，地埋管道 1000 米。投入 79 万元建成 512 平方米石榴分拣车间（含冷库）一座，发展电商经营，促进产业发展。

官峪村 2014 年，被确定为郑州市级贫困村，2016 年脱贫摘帽。扶贫工作开展以来，完成道路修建 4340 米，新打机井 8 眼，安装压力罐 10 套，地埋电缆线 800 米，地埋管道 14200 米，新修排水管道 425 米。建成 500 平方米石榴保鲜库一座。投入 90 万元建成村级集体产业项目——郑州市山河鸿峪食品有限公司，加工生产石榴花牛肉酱，拉长产业链条。投入 90 万元全面提升村级人居环境卫生。组织开展消费扶贫，投入资金改善贫困群众户容户貌，添置家具、电器等生活品，资助困难学生。

枣树沟村 2013 年，被确定为郑州市级贫困村，2015 年脱贫摘帽，实现了贫困户清零。

2019 年 5 月荥阳市电子商务进农村高村乡河阴石榴基地扶贫培训班　高村乡人民政府 供图

扶贫工作开展以来，新修道路 1000 米，新打机井 6 眼，安装压力罐 3 套，地埋电缆线 500 米，地埋管道 6500 米。建成 387 平方米石榴保鲜库一座。

投入资金 100 万元建成村级集体经济项目——荥阳市敖仓石磨面厂和荥阳市榴之叶茶叶厂。村级劳务组定期组织群众到村内河南黄河北邙福寿陵有限公司务工，截至 2023 年年底，全村产业发展稳定，村级集体经济年收入达 196 万元。

居民生活

衣 中华人民共和国成立前，辖区纺织业并不发达，当地百姓用自己种植的棉花，纺织粗布，染成毛蓝、青蓝、月白、印花等色，根据季节裁制成单、夹、棉衣。中华人民共和国成立后，随着纺织工业发展，出现了洋布、斜纹布。20 世纪 50—60 年代，男性多穿中山装、青年服，女性多穿列宁服，颜色多为灰、蓝、黑。70 年代后，老粗布减少，涤良、涤卡、涤纶出现，农民穿衣多买布在家用缝纫机自制。改革开放后，衣着质量不断提高，喇叭裤、羊毛衫、牛仔裤等开始流行。 90 年代，短裙、职业装、文化衫等开始流行。进入 21 世纪，随着群众生活水平的提高，群众穿衣对款式、色调更加讲究，大多在

枣树沟村级集体经济项目——石磨面厂 石保定 摄

商场进行选购，更加注重舒适性和时尚性。

食 中华人民共和国成立前，粮食产量不高，主要以高粱、玉米等粗粮为主，群众生活贫苦，“糠菜半年粮”是当地人民群众生活的真实写照。农民农忙时一日三餐，餐餐都要掺入大量的糠、麸子、野菜。平时以杂粮馒头、稀饭、糊涂面条为主。中华人民共和国成立初期，农业生产有一定的发展，粮食产量也有了提高，温饱问题基本得到解决。1949—1958年，饮食以粗粮为主，细粮调剂，平时以玉米面馍、白面条、红薯面条为主。1959—1968年，吃小麦面，小麦玉米混合面馍。群众生活仍以粗粮为主，除了主食很少有菜品，在过年过节才能吃到细米面、蔬菜、肉蛋类。20世纪80年代，日常饮食仍是两淡一咸，但中午多是捞面条、卤面、饺子、大米也进入寻常百姓家，时令蔬菜也进入日常生活。90年代以后，群众的食品种类日渐丰富，瓜果蔬菜、肉禽蛋奶成为日常饮食。群众不再只追求吃饱吃好，开始关注营养、健康的饮食结构。进入21世纪以来，荥阳市高村乡李山村于2010年8月由南阳市淅川县上集镇搬迁至此，李山村的移民也把当地的美食——丹江鱼带进了高村，淅川县的丹江水库，水质清澈、味道甘甜，而生存在丹江水域的丹江鱼，体型健硕，鲜嫩肥美，刺少肉多，肉质细嫩，营养价值较高；每天一早从南阳运来的丹江活鱼现做现吃，肉质鲜嫩。丹江鱼一贯的做法是一鱼三吃，油炸、红烧和鱼头

20世纪90年代高村乡居民生活 马景芝 供图

高村乡新式住宅　王红斌 摄

刘沟村新式宅院　石保定 摄

2002 年春，实验小学的全体师生在高村大街宣传“道德规范进万家”高村乡人民政府 供图

风化俗。建设了一批乡风文明宣传文化墙，利用道德讲堂和善行义举榜，传承发扬尊老爱幼、助人为乐的中华传统美德，深入开展“传家训、立家规、扬家风”活动，促进文明乡风、良好家风、淳朴民风的形成，推进社会主义核心价值观在高村大地落地生根。

2015 年，邙山村、马寨村创成荥阳市级文明村。

2016 年，高村乡创成河南省文明村镇。

2016 年，吴村村创成荥阳市级文明村。

2017 年，油坊村、牛口峪村、枣树沟村、安仁寨村创成荥阳市级文明村。

2018 年，韩常村、张村村创成荥阳市级文明村。

2019 年，高村村、张常村、前唵子、官庄村、宋村村、官峪村、李山村创成荥阳市级文明村。

2020 年，高村乡建成乡级新时代文明实践所 1 个，村级新时代文明实践站 30 个，开展文明庭院评选，其中 872 户为荥阳市级达标户、111 户为荥阳市级示范户。

2020 年，司马村、真村村、刘沟村、后圈子村、周寨村创成荥阳市级文明村。

2021 年，杜常村、穆寨村创成荥阳市级文明村。

2022 年，荆寨村创成荥阳市级文明村。

2022 年，枣树沟村创成郑州市级文明村。

2023 年，韩常村创成郑州市级文明村。

高村乡新时代文明实践所家风家训挂厅堂活动 高村乡人民政府 供图

吴村“好媳妇好婆婆” 高村乡人民政府 供图

平安建设

高村乡每年按照“属地管理、以块为主”的原则，加强对辖区学校及周边的综合治理。与辖区 9 所中小学校、幼儿园签订治安安全工作目标责任书，加强对学校安全工作的管理和指导。每年 3 ~ 5 月，联合辖区派出所对学校周边开展治安大检查，及时协调处理学校及周边存在的安全隐患和安全问题，督促学校落实安全责任制。

加大对技防设施投入，目前已在 30 个行政村完成了主干道监控器材安装，实现视频监控全覆盖。完成镇区商铺、企业监控器材与 110 并网的工作。在 30 个村组织设立不少于 10 人的临时义务巡防队，扩建乡级专职巡防队。2023 年，现有民调员队伍 45 人，并安排针对性的岗位培训。2019 年，高村乡被授予郑州市平安建设工作先进单位荣誉称号。

高村乡平安建设宣传教育活动 高村乡人民政府 供图

乡镇建设

功能区布局

高村乡空间规划期限为2015—2030年，该规划于2018年4月报荥阳市人民政府批复实施完成。其中近期规划为2015—2020年，远期规划为2021—2030年。镇域总体规划范围为包括镇区在内的30个行政村的管辖范围，总规划用地面积为106.11平方千米。规划着力形成“一心、两轴、五片区”的空间发展结构。

一心：即依托镇政府所在区域，与南边的广场、公园、周边的商业、北边的活动中心等形成一个镇区公共服务中心。主要功能为行政办公、文化娱乐、市政公共服务等。

两轴：即依托X036对外交通通道形成的镇区南北向发展轴，同时做好周边商业和街道景观的城市设计，突出城镇的历史文化形象及地域特色，形成城镇发展主轴；其次是依托南环路形成的镇区东西向发展次轴，起到承接贯穿镇区东西各村的带动发展作用，为高村乡东西部发展注入活力。

五片区：

第一是丰乐路以西、X036以东、老大街以南、南环路以北的综合公共服务区，是集镇区行政办公、文化娱乐、商业服务等于一身的综合商贸服务区。

第二是以休闲娱乐休憩为一体的天鹅湖生态宜居区，该范围的位于东环路以西、丰乐路以东、南环路以北、老大街以南。

第三是北部生活居住区，位于北环路以南、老大街以北、西环路以东、东环路以西，该片区可接纳周围村庄的人口安置。

第四是南部滨河生态宜居区，为镇区南片区，以滨河南路南侧居住区为主。

第五是生态产业区，位于镇区北片区的西部，老大街以南，X036以西，西环路以东和南环路以北。

规划镇区一类工业用地为12.96公顷，占规划总用地的4.01%，人均用地面积5.63平方米/人。

规划居住用地共87.52公顷（其中幼儿园用地1.49公顷），人均用地指标38.05平方米/人。

规划镇区公共服务设施用地为21.04公顷；占规划总用地面积的6.51%；人均公

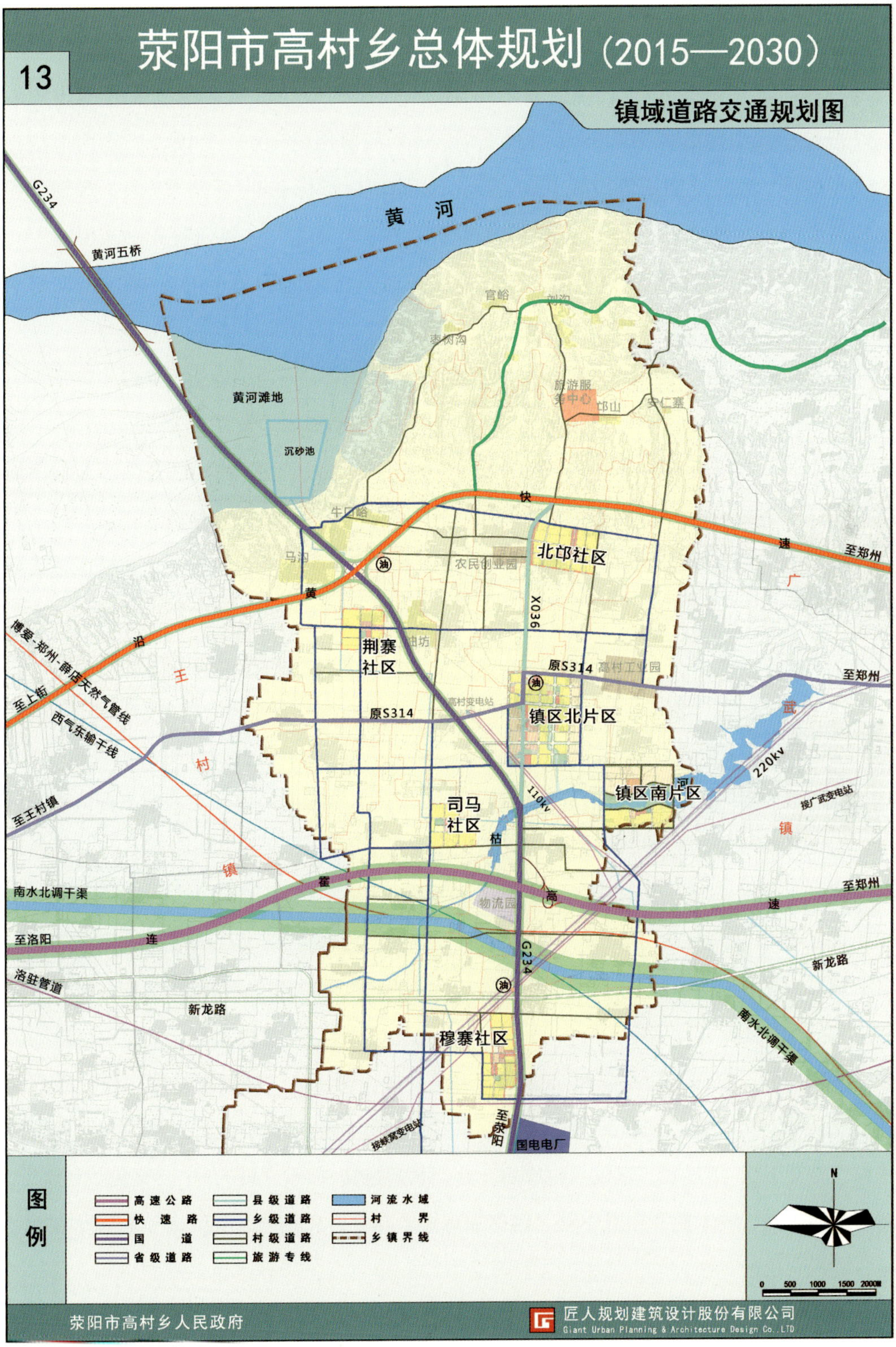

高村乡镇域道路交通规划图　高村乡人民政府 供图

共服务设施用地指标 9.15 平方米 / 人。规划行政办公用地共 2.85 公顷，人均用地指标 1.24 平方米 / 人。规划文化设施用地 2.46 公顷，人均用地指标 1.07 平方米 / 人。规划教育科研用地共 6.11 公顷，人均用地指标 2.66 平方米 / 人。规划医疗卫生用地 1.57 公顷，人均用地指标 0.68 平方米 / 人。规划商业用地 10.51 公顷，人均用地指标 4.57 平方米 / 人。规划商务用地 0.94 公顷，人均用地指标 0.41 平方米 / 人。规划公用设施营业网点用地 0.23 公顷，人均用地指标 0.10 平方米 / 人。规划服务设施用地 1.49 公顷，人均用地指标 0.65 平方米 / 人。规划交通枢纽用地面积 1.03 公顷，人均用地指标 0.45 平方米 / 人。

在市政基础设施用地中，规划供应设施用地 0.63 公顷，人均用地指标 0.27 平方米 / 人。规划环境设施用地 1.38 公顷，人均用地指标 0.60 平方米 / 人。规划安全设施用地 0.16 公顷，人均用地指标 0.07 平方米 / 人。规划交通场站用地面积 1.63 公顷，人均用地指标 0.71 平方米 / 人。

规划镇区绿地面积 48.90 公顷，人均绿地面积 21.26 平方米。其中，公园绿地总面积达到 38.65 公顷，人均公园绿地面积 16.80 平方米。

美丽乡村建设

刘沟村 刘沟村是郑州市第一批美丽乡村试点项目，截至 2020 年已完成兴榴大道（村庄入口至村委段）两侧的景观提升、兴榴大道（村委至榴乡温泉中端路东）公共服务设施的建设；建设兴榴大道（村委至榴乡温泉两侧）木屋 20 个；冷库 4 个。安装完成 6 米 40W 太阳能 LED 路灯共 184 套；修建供水管道 4600 米，排污管道 11692 米；建设 3 个污水处理站；完成庭院改造 91 户，围墙、门楼改造 91 户，农户厕所整治 230 户，建筑立面整治 91 户。

枣树沟村 枣树沟村是郑州市第二批美丽乡村建设试点，规划设计依托村庄独具的仰韶文化和黄河文化，结合河阴石榴产业，着力打造文化色彩显著，三产融合发展的特色村。截至 2023 年年底，建成入村牌坊 2 处，景观雕塑 3 个，亭子 3 个，文化戏台 1 处，廊道游园 1 处，养老服务中心 1 处，游客服务中心 1 处，民俗文化馆 1 处，家风大讲堂 1 处，建成文化墙 2 处。

刘沟村美丽乡村建设　石保定 摄

枣树沟村美丽乡村建设　石保定 摄

道路桥梁

高村乡现已形成“两横一纵”的对外交通网络，并已实现道路村村通。

G30（连霍高速） 连霍高速高村乡段全长 6 千米，由东向西经过官庄、张村、司马、真村 4 个行政村。设计时速 70 ～ 120 千米 / 时。

S312（沿黄快速通道） 高村乡段全长约 8 千米，由西向东经过马沟、荆寨、牛口峪、刘铺头、陈铺头、秦铺头、周寨、宋村 8 个行政村。路面采用沥青混凝土结构，路基宽度为 33.5 米。设计时速 60 千米 / 时，双向六车道。

G234 高村乡段全长 15.9 千米，其中改建道路 5.4 千米，新建道路 10.5 千米，由南向北经过吴村、穆寨、张村、高村、史坊、油坊、荆寨、马沟、牛口峪 9 个行政村，路面采用沥青混凝土结构，路基宽度为 33.5 米。设计时速 80 ～ 100 千米 / 时，双向六车道。

X007 桃牛线 高村乡段全长 8.114 千米，起点位于楚河汉界古战场风景区门口岔路口处，高村乡段自广武镇高村乡界向西经过刘沟村、官峪村、枣树沟、牛口峪村 4 个行政村向南至沿黄快速通道结束。道路设计规划的主要功能为观赏石榴文化景观及石榴采摘，采用小交通量技术标准，路基宽 10.4 ～ 13.5 米。设计车速 15 ～ 20 千米 / 时。

连霍高速与 G234 国道　姜增杰 摄

沿黄快速路 王红斌 摄

G234 国道 王红斌 摄

焦郑黄河大桥与沿黄快速通道　周建功 摄

X057 荥后线　高村乡段全长 7.966 千米，起点自广武镇高村乡界向西经过高村寺、高村、张常、韩常、杜常 5 个行政村，路基宽 9.5 ~ 18 米。在沿线村庄设置公交停靠站。

X009 大韩线　高村乡段全长 5.87 千米，起点大师姑、终点韩村，由西向东经过穆寨村、后圈子村、前唿子村 3 个行政村。

X026 北城线　高村乡段全长 9.225 千米，起点位于高村乡牛口峪村东北与 X007 桃牛线交叉处，向西南方向经过牛口峪、马沟、荆寨、油坊、高村、史坊、司马、前唿子 8 个行政村，在沿线村庄设置公交停靠站。

目前，高村乡有村级道路 106 条，合计里程 108.5 千米。

高村乡县乡级道路统计表

序号	路线编码	路线名称	路线简称	X. 县道（km）	Y. 乡道（km）
1	Y015	北邙—史坊（X026）	北史线		4.317
2	Y017	大王村—油坊	大油线		4.236
3	Y021	梁庄村—曹寨	梁曹线		3.813
4	Y025	吴村（G234）—东大村西 S233	吴东线		3.659
5	Y029	苏寨—徐寨	苏徐线		0.85
6	Y033	高村乡政府西—西冯	高西线		4.293

续表

序号	路线编码	路线名称	路线简称	X. 县道（km）	Y. 乡道（km）
7	Y041	牛口峪—上王线（Y020）	牛上线		2.032
8	Y057	刘沟（X007）—黄河滩	刘黄线		5.612
9	Y079	三官庙南（S232）—西司马	三西线		4.255
10	Y090	新建村—后周村	新后线		4.065
11	Y092	刘沟—秦铺头（X076）	刘秦线		9.872
12	Y094	大王村—高村	大高线		4.352
13	Y098	真村—河王（Y029）	真河线		7.86
14	Y120	荆寨（X026）—东大村（Y025）	荆东线		7.126
15	Y001	远尘大道			1.932
		合计		32.471	68.274

焦郑黄河大桥 2019年12月8日建成通车。高村乡段全长5.2千米，路基宽33.5米，其中包含2.4千米桥面和2.8千米公路。起于原焦作南高速公路与省道234连接的互通式立交南侧，向南跨黄河，进入荥阳市境内，经高村乡牛口峪西侧，在马沟东南与省道312（沿黄快速通道）相交，设置苜蓿式互通式立交到达终点。设计时速100千米/时。

焦郑黄河大桥 石保宽 摄

荥武黄河浮桥　石保定 摄

荥武黄河浮桥　始建于2006年4月，浮桥全长800米，宽12米。位于高村乡牛口峪村黄河沿岸，连接荥阳市高村乡和焦作市武陟县。浮桥设计使用年限30年，设计荷载为300吨。

公共交通

1979年，荥阳县经高村人民公社至北邙人民公社的客车开始运营。

1982年，建成北邙客运站，位于原北邙乡老邮政局，2015年因X036道路拆迁，北邙客运站拆除。北邙客运站运营期间线路有：北邙—荥阳（日均10班）、马沟—郑州（日均2班）、牛口峪—郑州（日均3班）、刘沟—郑州（日均2班）、杜常—郑州（日均2班）五条运营线路，日均客流量约460人。

2015—2019年，北邙客运站拆除后，荥阳客运站开通高村乡—荥阳市按段收费的单线客车。

2019 年 7 月，荥阳市公交公司开通荥阳火车站—高村街—刘沟—牛口峪的公交线路；10 月开通荥阳火车站—油坊南—韩常村的公交线路。4 辆公交车投入运营，每条路线每天 6 班。

水利建设

北干渠 1974—1975 年修建北干渠，北干渠首段横跨宋沟、池沟、半截沟、黄牛寨，全长 1352 米，共有拱 143 个，最高处为 8.8 米，最低处为 2.9 米，桥宽 3 米。两边各有 0.5 米设有护栏，以利行人。

南水北调中线一期总干渠 南水北调中线一期总干渠从高村乡南部穿过，在高村乡境内全长 5800 多米，永久性占地 1072.5 亩。干渠周围 200 米范围内为水源一级保护区，左岸 3 千米、右岸 2.5 千米范围内为二级水源保护区。

南水北调枯河倒虹吸 该工程位于前真村东北约 500 米，建筑物全长 316 米，流量为 265 立方米每秒，是黄河支流西水东调、枯河与南水北调中线干渠的交叉建筑物，设计为南水北调从枯河底部采用倒虹吸的形式下穿。

北干渠 周建功 摄

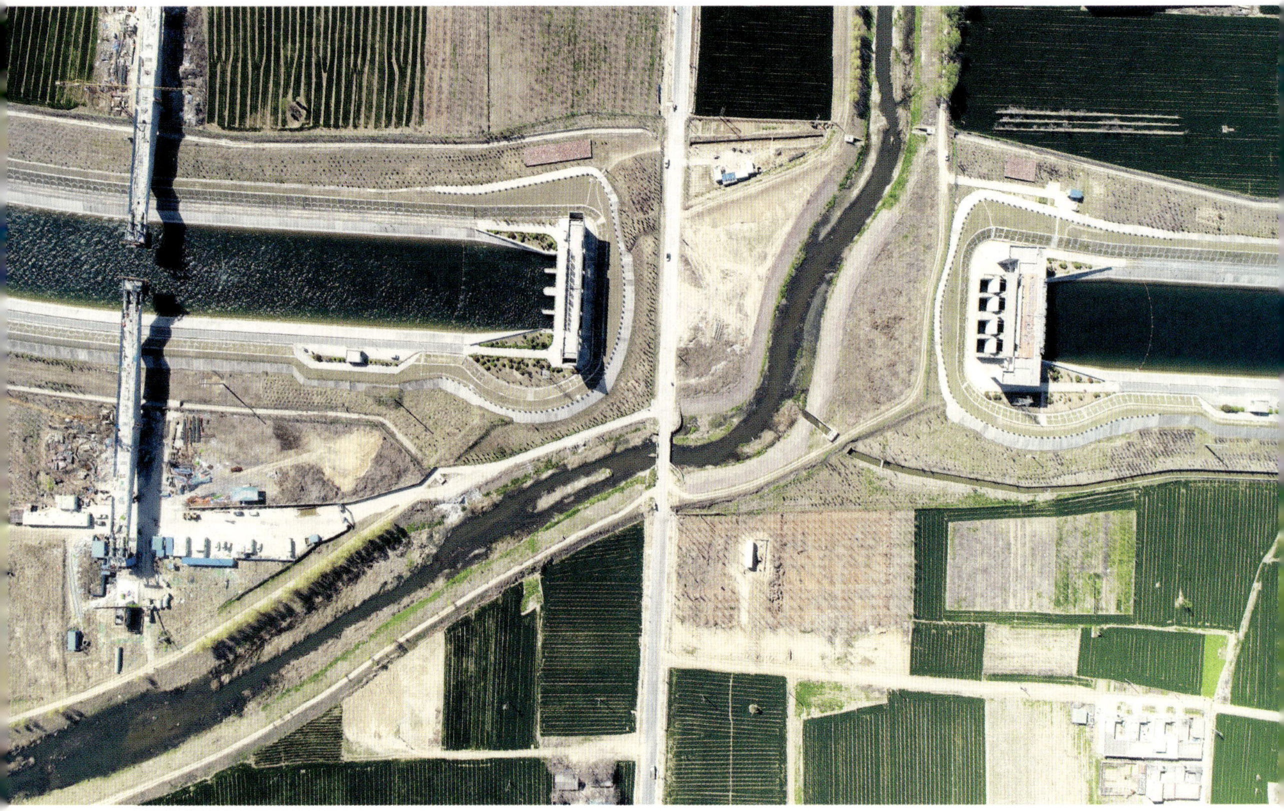

南水北调枯河倒虹吸　姜增杰 摄

刘沟提灌站　早期，广武山区域生活和生产用水困难，刘沟村提灌站是北干渠工程的延伸项目，主要引黄河水供刘沟村生产用水。

南干渠　工程全长 5758 米，西起王村镇房罗村砖窑五支渠门，东至后侯村西。西段土渠（房罗至常村）3525 米，渠道建筑物 27 座（其中渡槽 2 座，跌水桥 6 座，倒虹吸 12 座，斗门 11 座），东段肋板渠 2233 米（常村至侯村）渠道建筑物 17 座（其中渡槽 3 座，倒虹吸 5 座，公路桥 3 座，斗门 6 个），灌溉效益面积为一万亩。

供　水

高村乡地下水丰富，基本无污染，各村饮水大部分依靠地下水。各村生产、生活用水均来自于本村的水井及安全饮用水工程。

河南省第一次全国水利普查农村集中供水工程普查底册（2023）

序号	受益村	益组数	供水能力（m^3/d）		效益人口（人）	水源类型	数量（眼）	供水工程管理单位
			设计	实际				
1	高村	7	300	300	5200	地下水	55	村委
2	高村寺	10	182	82	3130	地下水	3	村委
3	马寨	7	85	85	1430	地下水	4	村委
4	史坊	10	122	122	2130	地下水	2	村委
5	油坊	7	94	94	1600	地下水	1	村委
6	马沟	9	143	143	2290	地下水	2	村委
7	荆寨	12	159	159	2650	地下水	5	村委
8	杜常	3	47	47	780	地下水	1	村委
9	韩常	4	61	61	1140	地下水	1	村委
10	张常	4	65	65	1090	地下水	1	村委
11	司马	9	160	160	2670	地下水	2	村委
12	真村	17	221	221	3880	地下水	4	村委
13	后圈子	5	41	41	730	地下水	2	村委
14	前嵖子	2	16	16	340	地下水	1	村委
15	吴村	8	74	74	1350	地下水	2	村委
16	木寨	11	122	122	2040	地下水	2	村委
17	官庄	4	98	98	1630	地下水	1	村委
18	张村	10	111	111	1830	地下水	3	村委
19	周寨	5	80	80	1440	地下水	2	村委
20	宋村	5	68	68	1240	地下水	1	村委
21	秦铺头	6	52	52	970	地下水	1	村委
22	陈铺头	8	139	139	2450	地下水	2	村委
23	刘铺头	7	132	132	2270	地下水	2	村委
24	牛口峪	9	130	130	2230	地下水	2	村委
25	枣树沟	3	18	18	312	地下水	1	村委
26	官峪	9	66	66	1156	地下水	1	村委
27	刘沟	9	90	90	1576	地下水	2	村委
28	邙山	1	22	22	371	地下水	1	村委
29	安仁寨	1	75	75	139	地下水	1	村委
30	李山	4	48	48	844	地下水	1	村委

高村社区饮水站 2014年，荥阳市水利局投资建设高村社区饮水站，于当年建成投入使用，主要有水井一眼，水泵一套，30吨压力罐一座，铺设管道1.17千米，建成管理用房146.64平方米，主要用于高村乡新建社区生活用水。

供 电

1965年，高村公社建设高压线路荥阳至高村15千米，低压30千米，建变压器19台，电动机“930kA”42台，输电量达24千瓦。

1983年，高村乡10千伏线路36千米，供电量120万千瓦时。

1984年，高村乡10千伏线路40.2千米，供电量175万千瓦时。

1985年，“高村乡农电服务站”更名为“高村农电管理所”。

史坊变电站 陈重孚 摄

1988 年 3 月 24 日，高村乡 35 千伏变电站开始建设，位于高村至后侯村公路北侧，占地面积 3177 平方米。1989 年 6 月 5 日 13 时 30 分正式投入运行，投资 115 万元。10 千伏线路由原来的 42 千米，增加到 67 千米，年供电量 700 万千瓦时。

1991 年 8 月至 1993 年 3 月，建设北邙高 9 板、高 7 板线路，及高 14 板专板线路和开洛高速公路线路改造。10 千伏供电线路由原来的 67 千米，增加到 73 千米，年供电量增加到 920 万千瓦时，农村变压器增加到 131 台。

1993 年 4 月至 1995 年 3 月，10 千伏线路增加到 89 千米，年供电量为 1500 万千瓦时，农村变压器增长到 147 台。

1999 年 1 月 11 日，高村乡成立农村电网改造领导小组。

1999 年，对高村乡的农网改造工程在全乡范围内全面展开，历时三年。同年在高速公路南筹建供电所，当年竣工，投入使用。

2000 年 3 月至 2002 年 2 月，高村乡的农网改造工程已全部结束。共改造 18 个行政村，40 个自然村的常用变压器使原来的 147 台增加到 202 台，年供电量增加到 3200 万千瓦时。

2002 年 1 月，“高村农电管理所”更名为“高村乡供电所”。

2002 年 2 月至 2011 年，农电管理走向正规。高村乡的供电达到一流标准，供电量达到 370 万千瓦时 / 月，400 伏线路达到 285.867 千米。

2011 年 9 月 1 日开始，改造 10 千伏线路 4.12 千米。

2020 年，全乡年供电量已达到 9600 万千瓦时，10 千伏线路达到 210 千米。

2020 年，高村 110 千伏变电站开始建设，站址位于 G234 国道与 S314 省道交叉口东北角，全站总用地面积 5090 平方米（7.64 亩），规划建设 50 兆伏安主变压器 3 台，110 千伏出线 5 回，10 千伏出线 36 回。

2021—2023 年，利用灾后重建资金建设改造灌溉变压器 89 台，保障农田灌溉需求。10kV 线路实现联络，建成智能电网自愈线路 8 条。

供 气

2019 年，高村乡开始天然气基础设施建设工程，目前高村乡境内已实现 27 个行政村天然气管网覆盖，李山村、油坊村、枣树沟村因本村正在进行规划，天然气工程尚未开建。截至 2023 年 11 月底，已有 7460 户村民开通使用天然气。

排 水

高村乡自2018年开始实施农村生活污水治理工程，截至2023年年底，30个行政村和2个社区污水管网全部覆盖，已建成污水处理站52个，铺设污水管网308.94千米，污水处理能力达到5540吨/天，惠及居民15145户。

绿 化

高村乡境内连霍高速两侧百米廊道绿化130.92万平方米，X036两侧绿化18.64万平方米，G234廊道绿化83.2万平方米，沿黄快速通道廊道绿化27.13万平方米。

G234廊道绿化 王红斌 摄

截至 2020 年年底，高村乡公共绿地面积 288.59 万平方米，人均公共绿地面积 57.6 平方米，绿地率 16.64%，园林绿地面积 2489.35 万平方米，其中生态防护林面积 2126 万平方米，环城生态建设面积 277.73 万平方米，总体绿化覆盖率 56.85%。

环境卫生

高村乡实施“厕所改造、污水治理、垃圾清理”三大工程，组建专业保洁队伍，实现农村生活垃圾收运处置体系自然村组全覆盖。截至 2024 年 4 月底，全乡共有环卫工 156 人，环卫运输车 7 辆，密闭式转运垃圾箱 180 个，建有压缩式垃圾中转站 4 个，日处理生活垃圾 40 ~ 50 吨，公共厕所 10 个，累计改造农户厕所 13990 户，村庄内外积存垃圾全部清零，违章建筑、黑臭水体基本清零，农村生态环境得到极大改善。

压缩式垃圾中转站　石保定 摄

党建政事

中共荥阳市高村乡委员会

1944 年 5 月，马沟地下党小组建立。

1950 年 5 月，高村区第一届党代会召开。

1959 年 5 月 10—13 日，高村区第二届党代会召开。

1961 年 1 月 9—10 日，高村区第三届党代会召开。

1970 年 10 月 21—24 日，高村人民公社第四届党代会召开。

1981 年 11 月 21—22 日，高村人民公社第五届党代会召开。

1983 年 5 月 6 日，高村人民公社第六届党代会召开。

1985 年 2 月 2 日，中国共产党高村乡第七届代表大会召开。

1989 年 11 月 27 日，中国共产党高村乡第八届代表大会召开。

韩常村党群服务中心 陈重孚 摄

官峪村党群服务中心　石保定 摄

1994 年 3 月 22 日，中国共产党高村乡第五次代表大会召开。

1997 年 3 月 21 日，中国共产党高村乡第六次代表大会召开。

2002 年 12 月 8 日，中国共产党高村乡第七次代表大会召开。

2006 年 3 月 26 日，中国共产党高村乡第八次代表大会召开。

2011 年 4 月 19 日，中国共产党高村乡第九次代表大会召开。

2016 年 5 月 18 日，中国共产党高村乡第十次代表大会召开。

2019 年，组织开展“不忘初心、牢记使命”主题教育。

2019 年，开展“支部强堡垒党员争先锋”活动。

2019 年，开展“亮赛比、创五星”活动。

2020 年，开展“逐村观摩、整乡推进”活动。

2020 年，组织开展“万名党员进党校”活动。

2021 年 5 月 26 日，中国共产党高村乡第十一次代表大会召开。

2022 年，组织开展“万名党员进党校”活动。

2022 年，组织开展党员干部能力作风建设年活动。

2023 年，组织开展“万名党员进党校”活动。

截至 2023 年年底，高村乡党委下设党总支 23 个，其中行政村 22 个、机关 1 个；76 个党支部，其中行政村党支部 59 个、乡机关党支部 7 个，乡直党支部 2 个、非公企业党支部 8 个，党员 2310 名。

荥阳市高村乡人民代表大会

1950 年，高村区第一届人民代表大会召开。

1954 年，高村区第二届人民代表大会召开。

1958 年，高村区第三届人民代表大会召开。

1962 年，高村人民公社第四届人民代表大会召开。

1973 年，高村人民公社第五届人民代表大会召开。

1981 年，高村人民公社第六届人民代表大会召开。

1983 年，高村人民公社第七届人民代表大会召开。

1984 年，高村乡第八届人民代表大会召开。

1993 年高村乡第十一届人民代表大会第一次会议　马景芝 供图

1987 年，高村乡第九届人民代表大会召开。

1990 年，高村乡第十届人民代表大会召开。

1993 年，高村乡第十一届人民代表大会召开。

1996 年，高村乡第十二届人民代表大会召开。

1999 年，高村乡第十三届人民代表大会召开。

2002 年，高村乡第十四届人民代表大会召开。

2007 年，召开高村乡第十五届人民代表大会。

2012 年，召开高村乡第十六届人民代表大会。

2017 年，召开高村乡第十七届人民代表大会。

2022 年，召开高村乡第十八届人民代表大会。

荥阳市高村乡人民政府

1959 年，成立高村人民公社。

1961 年，高村人民公社改为高村区，下辖五个小公社。

高村乡人民政府 王红斌 摄

1963年，小公社合并，高村区再更名为高村人民公社。

1976年，高村人民公社分为高村、北邙2个人民公社。高村人民公社下辖15个大队，北邙人民公社下辖11个大队。

1983年，高村人民公社改为高村乡人民政府。

2005年，北邙乡人民政府并入高村乡人民政府，统称高村乡人民政府。

群团组织

工　会

中华人民共和国成立后，高村乡相继成立了教育工会、商业系统工会、卫生系统工会，直接受县对口系统工会和县总工会的领导。

2000年4月，高村乡工会工作委员会正式成立。

2006年，郑州市总工会向高村乡工会工作委员会下发工会法人资格证书。工会组织覆盖面逐年扩大，工会管理逐步制度化、标准化和规范化。

2016年，高村乡工会工作委员会荣获河南省基层工会规范化建设示范点。

截至2023年年底，高村乡工会辖村级工会30个，企业工会及工会联合会64个，会员9306人。

共青团高村乡委员会

1949年春，高村始建中国新民主主义青年团。

1950年，加入青年团的有十几个人。到互助合作阶段，团的工作活跃，发展较快。

1956年，区政府建立团委，配有专职团干，各中学也配有专职团干，专抓青少年政治思想工作，各农业社建立团支部。团员发展到1288人，其中男684人，女604人。

1957年，新民主主义青年团改为“共产主义青年团”（简称“共青团”）。机构设置依旧。

1958年，中国共产主义青年团高村人民公社第三届第一次代表大会召开。

1971年，超龄团员退团，发给退团光荣证。

1982年，全乡有1个团委会，1个团总支，共青团员367人。

1990年10月20日，在全乡团员中开展达标活动。

1993年7月15日，中国共产主义青年团高村乡第九次代表大会召开，参加代表48人，选举团委书记 1 人，委员 7 人。

2001 年，全乡共有团支部 21 个，除一中、二中、国税局单建支部外，18 个行政村都建有团支部；全乡共有团员 866 人。

2002 年，全乡共有团员 935 人。

2019 年，共青团高村乡第一次代表大会召开。

在社会主义革命和社会主义建设中，共青团员发挥了积极带头作用。其中史坊共青团员张瑞莲，因护粮有功，在 1956 年全国优秀团员代表大会上，受到毛主席亲切接见。

近年来，在高村乡党委的领导下，凝聚青年力量，延伸工作触角，成立青年突击队 1 支，大力开展保护母亲河、关爱空巢老人、关爱留守儿童、清洁家园等志愿服务活动。2024 年，高村乡共有 44 个基层团支部，团员 961 名。

高村乡妇女联合会

1952 年，高村乡妇女联合会成立。

2016 年 9 月，高村乡妇女联合会第一届第一次代表大会召开。

2017 年 12 月，高村乡妇女联合会第一届执委第二次代表大会召开。

2021 年 11 月，高村乡妇女联合会第二届执委第一次代表大会召开。

截至 2023 年年底，高村乡妇联下辖基层妇联 30 个。

获得荣誉

序号	时间	荣誉称号	颁奖单位
1	2008 年	全省先进基层党校	中共河南省委宣传部
2	2008 年	全国科普惠农兴村先进单位	中国科协 财政部
3	2008 年	河南省一村一品引智示范基地——刘沟村	河南省人事厅
4	2009 年	党员干部现代远程教育示范站点	中共河南省委组织部
5	2009 年	全省“五个好”村党支部——刘沟村	中共河南省委组织部
6	2009 年	“五个好”村党组织——刘沟村	中共郑州市委
7	2010 年	省级生态村——吴村	河南省环境保护厅
8	2013 年	2013—2015 省级卫生村——刘沟村	河南省爱国卫生运动委员会
9	2014 年	河南农业大学新农村发展研究院特色产业基地——刘沟村	科学技术部 教育部

续表

序号	时间	荣誉称号	颁奖单位
10	2014 年	高村乡文化站获评河南省一级综合文化站	河南省文化厅
11	2014 年	高村乡获评第八批省级生态乡镇	河南省环境保护厅
12	2015 年	河南省绿化模范单位——高村乡	河南省绿化委员会
13	2015 年	河南省乡村旅游示范村——刘沟村	河南省旅游局
14	2018 年	省级卫生乡镇——高村乡	河南省爱国卫生运动委员会
15	2018 年	省级卫生先进单位——高村乡	河南省爱国卫生运动委员会
16	2020 年	2017—2019 年度河南省文明村镇	中国共产党河南省委员会
17	2020 年	城乡居民两险集中征收工作优秀单位	国家税务总局河南省税务局
18	2021 年	河南省健康乡镇	河南省爱国卫生运动委员会
19	2021 年	林业生态市建设先进集体	郑州市人民政府
20	2021 年	黄河秋汛防御工作先进单位	郑州市人民政府
21	2021 年	河南省级卫生乡镇	河南省爱国卫生运动委员会
22	2023 年	文明村镇	中国共产党河南省委员会

乡域经济

农业

高村乡是一个农业大乡，现有耕地面积 7.2 万亩，其中小麦、玉米等传统农业种植面积 3.4 万亩；蔬菜、大棚水果等设施农业种植面积 0.2 万余亩（其中大棚面积 0.1 万亩）；生态农业总面积达3.6万余亩，其中：河阴石榴2.8余亩、苗木花卉0.8万亩，核桃、樱桃、葡萄、梨、桃、苹果等果树 0.3 万余亩。全乡农业基础设施完善，近年来通过积极争取农业综合开发项目，有利改善了农业基础设施条件。目前全乡灌溉机井 1000 多眼，能灌溉面积占全乡总耕地面积的 97% 以上。全乡农业产业成效显著，基本形成了南水北调两侧的苗木花卉产业、中部的小麦、玉米粮食种植产业和北部广武山区以河阴石榴为主的优质林果产业。

种植业

小麦种植 陈重学 摄

麦收之一　王红斌 摄

麦收之二　田玉青 摄

玉米　石保定 摄

蔬菜大棚　陈重孚 摄

马寨村平菇大棚 陈重孚 摄

后圈子村叶菜类蔬菜种植 石保定 摄

穆寨村豆类制品业 石保定 摄

高村村樱桃园 王红斌 摄

粮食种植

1997 年，高村乡粮食自给工程开发面积 5000 亩，涉及穆寨、吴村 2 个行政村。

1998 年，高村乡农业综合开发面积 10000 亩，涉及穆寨、官庄、张村、后圈子 4 个行政村。

1999 年，农业综合开发面积 10000 亩，涉及高村、马寨、油坊、史坊 4 个行政村。

2000 年，农业综合开发面积 6000 亩，涉及荆寨、杜常 2 个行政村。

农业的综合开发，使高村乡粮食产量逐年增加，人均收入也逐年增多。

1990—2002 年高村乡粮食产量及人均收入比较表

年份	种粮面积（亩）	单产（公斤）	总产（吨）	人均收入（元）
1990 年	30568	615	1881	655
2002 年	30053	852	2560	3336
增长	— 515	237	679	2681

2005 年，高村乡粮食总产量 27833 吨。

2006 年，高村乡粮食总产量 38762 吨。

2007 年，高村乡粮食总产量 40071 吨。

2008 年，高村乡粮食总产量 40814 吨。

2009 年，高村乡粮食总产量 38408 吨。

2010 年，高村乡粮食总产量 38445 吨。

2011 年，高村乡粮食总产量 41024 吨。

2012 年，高村乡粮食总产量 42412 吨。

2013 年，高村乡粮食总产量 42155 吨。

2014 年，高村乡粮食总产量 41627 吨。

2015 年，高村乡粮食总产量 39159 吨。

2016 年，高村乡粮食总产量 39034 吨。

2017 年，高村乡粮食总产量 45067 吨。

2018 年，高村乡粮食总产量 44550 吨。

2019 年，高村乡粮食总产量 41140 吨。

2020年，高村乡粮食总产量43255吨。

2021年，高村乡粮食总产量45602吨。

2022年，高村乡粮食总产量43827吨。

蔬菜生产 高村乡地下水源充足，土壤保水保肥较好，适宜种植蔬菜，蔬菜播种面积19710亩，其中大棚种植蔬菜、蘑菇700余亩。

2005年，蔬菜产量89534吨。

2006年，蔬菜产量96433吨。

2007年，蔬菜产量95733吨。

2008年，蔬菜产量96560吨。

2009年，蔬菜产量95380吨。

2010年，蔬菜产量93770吨。

2011年，蔬菜产量94270吨。

2012年，蔬菜产量89780吨。

2013年，蔬菜产量89150吨。

2014年，蔬菜产量89350吨。

2015年，蔬菜产量30865吨。

2016年，蔬菜产量62865吨。

2017年，蔬菜产量77975吨。

2018年，蔬菜产量35534吨。

2019年，蔬菜产量49416吨。

2020年，蔬菜产量40396吨。

2021年，蔬菜产量61859吨。

2022年，蔬菜产量55050吨。

2023年，蔬菜产量55886吨。

尤其以2015年荥阳绿硕农业科技有限公司为代表的叶菜类蔬菜种植较为突出，主要生产生菜、油麦、大头青、茼蒿、上海青、小白菜、空心菜、芹菜等20余种叶类蔬菜。同时，在提高产量的基础上，不断地提高产品的质量，生产出无公害蔬菜，并获得无公害农产品产地认证书。同时，位于高村乡穆寨村的郑州新农村蔬菜食品有限公司，拥有自主品牌“芽状元”“新农村”的豆类制品业也很具特色。

林果业

1993 年之前，高村乡北部邙岭多种植樱桃树、苹果树、桃树、梨树、杏树、石榴等。1993 年，改进石榴品种后，以河阴软籽石榴为主调，开启邙岭万亩石榴园拓展。同时也给邙岭的林果业经济带来了转机。

2005 年，林果产量 2677 吨。

2006 年，林果产量 8276 吨。

2007 年，林果产量 8759 吨。

2008 年，林果产量 8714 吨。

2009 年，林果产量 9025 吨。

2010 年，林果产量 8535 吨。

2011 年，林果产量 8675 吨。

2012 年，林果产量 10239 吨。

2013 年，林果产量 10653 吨。

2014 年，林果产量 10693 吨。

2015 年，林果产量 11840 吨。

2016 年，林果产量 14473 吨。

2017 年，林果产量 16404 吨。

2018 年，林果产量 12810 吨。

2019 年，林果产量 25757 吨。

2020 年，林果产量 12388 吨。

2021 年，林果产量 11108 吨。

2022 年，林果产量 11034 吨。

2022 年，林果产量 10288 吨。

草　莓　高村乡反季节大棚草莓种植面积也在持续扩大，主要分布在周寨村、李山村、张村、宋村、穆寨村。种植品种主要有甜查理、香野、红颜、越秀、粉玉、白雪公主、小白等。

河阴石榴　主要产于荥阳市高村乡北部广武山，独特的土质条件及气候特征适宜河阴石榴生长。

河阴石榴园　石保定 摄

河阴石榴之一　石保定 摄

河阴石榴之二　石保定 摄

河阴石榴之三　石保定 摄

河阴石榴之四　石保定 摄

河阴石榴之五　石保定 摄

河阴石榴之六　石保定 摄

周寨村草莓大棚之一　王红斌 摄

周寨村草莓大棚之二　王红斌 摄

河阴石榴产业日益壮大，形成了以高村乡的刘沟村、官峪村，枣树沟村、邙山村、安仁寨村、牛口峪村、马沟村、陈铺头村、刘铺头村、秦铺头村等面积达 2.6 万亩的河阴石榴产业带，据统计数据显示，依靠河阴石榴种植，刘沟村民的年人均收入达到了 29400 元。

2005 年，荥阳市人民政府组织在刘沟村举办了第一届河阴石榴文化节，随着连续十届河阴石榴文化节的举办，河阴石榴品牌越来越响，河阴石榴文化内涵越来越深，刘沟的名气越来越大。

2018 年 9 月 23 日，在高村乡刘沟村文化广场举办了“首届中国农民丰收节”系列活动“荥阳市第十四届河阴石榴文化节”。

2019 年秋分，高村乡举办“第一届中国农民丰收节”系列活动“荥阳市第十五届河阴石榴文化节”。

2020 年秋分，高村乡举办“第二届中国农民丰收节”系列活动“荥阳市第十六届河阴石榴文化节”。

河阴石榴种植　石保定 摄

“首届中国农民丰收节”系列活动分会场 荥阳市第十四届河阴石榴文化节开幕式　石保定 摄

2021 年秋分，高村乡举办“第三届中国农民丰收节”系列活动“荥阳市第十七届河阴石榴文化节”。

2022 年秋分，高村乡举办“第四届中国农民丰收节”系列活动“荥阳市第十八届河阴石榴文化节”。

2023 年秋分，高村乡举办“第五届中国农民丰收节”系列活动“荥阳市第十九届河阴石榴文化节”。

花　卉

主要大量栽培蝴蝶兰、精品凤梨、龟背竹、红掌、波斯顿蕨、常春藤、吸毒草、叶子花等 150 余种花卉，品种达 600 余种，主要分布在史坊村、司马村。其中以郑州市绿万家园艺有限公司、郑州市丰盈园艺有限公司为代表的连栋温室大棚花卉产业正在蓬勃发展。主要在花卉种植、销售，树木种植、农业园艺服务，城市绿化管理、高品质蝴蝶兰培育等方面进行发展，主要涉及品种有精品凤梨、龟背竹、红掌、波斯顿蕨、常春藤、吸毒草、蝴蝶兰等 120 余种花卉，年产盆栽 330 万盆，总面积达 250 亩。

司马村叶子花种植　石保定 摄

北坊村蝴蝶兰种植　陈重孚 摄

养殖业

中华人民共和国成立前，高村乡畜牧业和全国一样处于停顿状态。农村中，只有一些大户饲养少量的大家畜，大部分农户靠租借牲口耕种，其他畜禽也少。民间兽医，没有统一的组织，靠麦秋两季下乡收粮维持生活。生猪在一个自然村不过一两头，还是轮流喂养，或兑饲料喂养。

中华人民共和国成立前，大家畜发展很快。中华人民共和国成立后，因机器耕作的发展，大家畜相对地减少。

1960 年前，全乡生猪存栏数一直保持在 2000 头以上。

1982 年，全乡生猪存栏数在 6000 头以上，鸡存栏数在 80000 只以上。

2001 年，全乡生猪存栏 15200 头，蛋鸡存栏 26 万只，奶牛 150 头，肉牛 200 头。

2013 年，全乡牧业产品肉类产量 4236 吨，奶类产量 14646 吨，禽蛋产量 12611 吨。

2020 年年末，全乡生猪存栏 3927 头，奶牛存栏 417 头，肉牛存栏 901 头，蛋鸡存栏 105200 只，肉羊存栏 2349 只，鸽子存栏 165000 只，麻鸭存栏 180000 只。

禽类养殖之一　石保定 摄

禽类养殖之二　石保定 摄

禽类养殖之三　石保定 摄

禽类养殖之四　石保定 摄

1992年，随着开洛高速公路的通车，各项优惠政策的扶持，新上一批规模500万以上的企业，分别是郑州市神龙泵业有限公司、郑州平原磨料磨具厂、郑州市晨光特种材料厂、郑州华夏化工有限公司、郑州铝花纹板厂。同时，也涌现出一批中小型企业。其主导产品有取暖锅炉、耐火材料、农机加工、氯化石蜡等。

2001—2002年，在这两年间，企业发展更为迅速。到2002年，企业（公司、股份制）达84个，个人企业128个，总产值千万以上的企业如：郑州市神龙泵业有限公司、郑州市平原磨料磨具厂、郑州市科达碳素有限公司等。

2004年，完成财政收入1086万元，国内生产总值44202万元，主要工业增加值7249万元，固定资产投资9800万元。

2005年，完成财政收入1458万元，国内生产总值61849万元，主要工业增加值11434万元，固定资产投资12834万元。

2006年，完成财政收入2097万元，国内生产总值115164万元，主要工业增加值7249万元，固定资产投资9800万元。

2007年，完成财政收入2636万元，国内生产总值140417万元，主要工业增加值36043万元，固定资产投资47181万元。

2008年，完成财政收入3136万元，国内生产总值166966万元，主要工业增加值53935万元，固定资产投资97247万元。高村乡位列全省经济社会发展百强乡镇第59名。

2009年，完成财政收入3626万元，国内生产总值184162万元，主要工业增加值62268万元，固定资产投资131170万元。

2010年，全乡工业企业共有698家，实现工业总产值42.4亿元，完成增加值10.5亿元；完成财政收入3660万元，国内生产总值196935万元，主要工业增加值74511万元，固定资产投资133934万元，郑州市以外招商引资1.3亿元。

2011年，完成财政收入1600万元，国内生产总值235995万元，主要工业增加值90481万元，固定资产投资131253万元。

2012年，完成财政收入2084万元，国内生产总值253020万元，主要工业增加值103012万元，固定资产投资159340万元。

2013年，完成财政收入2103万元，国内生产总值276085万元，主要工业增加值110371万元，固定资产投资172056万元，郑州市以外招商引资1.84亿元。

2014年，完成财政收入2458万元，国内生产总值276886万元，主要工业增加值

121480 万元，固定资产投资 174097 万元，引进域外境内资金 2.71 亿元 。

2015 年，完成财政收入 2736 万元，国内生产总值 301815 万元，主要工业增加值 120023 万元，固定资产投资 190067 万元 。

2016 年，完成财政收入 2929 万元，国内生产总值 297307 万元，主要工业增加值 127162 万元，固定资产投资 117857 万元，引进域外境内资金 4.1 亿元。

2017 年，完成财政收入 2618 万元，国内生产总值 316957 万元，主要工业增加值 132222 万元，固定资产投资 139206 万元，引进域外境内资金 4.2 亿元。

2018 年，完成财政收入 3246 万元，国内生产总值 247635 万元，规模以上主要工业增加值增速 –1.2%，固定资产投资增速 –24.9%，引进域外境内资金 4.6 亿元。

2019 年，完成财政收入 3309 万元，国内生产总值 268803 万元，规模以上主要工业增加值增速 4.1%，固定资产投资增速 12.6%，引进域外境内资金 4.8 亿元。

2020 年，完成财政收入 3484 万元，国内生产总值 260423 万元，规模以上工业增加值增速 10.8%，固定资产投资增速 5.2%。引进域外境内资金 5.1 亿元。

2021 年，完成财政收入 2658 万元，国内生产总值 258375 万元，规模以上工业增加值增速 2.8%，固定资产投资增速 12.7%，引进域外境内资金 4 亿元。

2022 年，完成财政收入 2854 万元，国内生产总值 271896 万元，规模以上工业增加值增速 4.3%，固定资产投资增速 215.9%，引进域外境内资金 3.6 亿元。

2023 年，完成财政收入 3538 万元，国内生产总值 260913 万元，规模以上工业增加值增速 7.3%，固定资产投资增速 –37.8%，引进域外境内资金 4 亿元。

2013—2023 年，高村乡淘汰落后产能，转型为污染小、效能高的企业，如磨料磨具、机械加工、泵业制造、消防设备、医药制造、风力发电、门窗安装等。截至 2023 年年底，高村乡工业企业总共 476 家，工业总产值 746520 万元。规模以上企业 28 家，其中郑州皇润建材有限公司销售收入达到 24011 万元、郑州瑞龙制药股份有限公司销售收入达到 17600 万元、郑州平原磨料有限公司销售收入达到 8093 万元、郑州市飞龙实业有限公司销售收入达到 6806 万元、河南赛福特防护设备有限公司销售收入达到 6662 万元、郑州黄河金刚砂有限公司销售收入达到 5465 万元、郑州新农村蔬菜食品有限公司销售收入达到 5282 万元、郑州市神龙泵业有限公司销售收入达到 5000 万元。

郑州瑞龙制药股份有限公司

郑州瑞龙制药股份有限公司位于陈铺头村，占地 3.3 万平方米，注册资金 6311 万元，

郑州瑞龙制药股份有限公司　王红斌 摄

业务范围包括：片剂、硬胶囊剂、颗粒剂（含中药提取）、中药饮片（净制、切制、炒制、炙制、煅制、蒸制、煮制）、毒性饮片（净制、切制、煮制、水飞）、直接口服饮片（粉碎—限法定标准规定品种）生产和销售；市场营销策划；生物技术研究推广；从事货物和技术的进出口业务；道路普通货物运输；中药材的销售；中药材的技术开发、技术转让、技术推广。

河南赛福特防护设备有限公司

河南赛福特防护设备有限公司位于张村村（连霍高速荥阳站出口处），占地 0.8 万平方米，注册资金 5000 万元，业务范围包括：生产、销售、安装、维护、保养；钢制混凝土防护密闭门、密闭门、电动门、地铁和隧道正线防护密闭门、人防通风设备及人防工程专用设备；人防工程技术咨询与应用。

郑州市神龙泵业有限公司

郑州市神龙泵业有限公司位于高村寺村，占地 5.8 万平方米，注册资金 1.25 万元，业务范围包括：制造、销售井用潜水电泵、小型潜水电泵、污水污物潜水电泵、轴流泵、管道泵、排涝移动泵车等。

郑州市神龙泵业有限公司 王红斌 摄

郑州平原磨料有限公司

郑州平原磨料有限公司位于张常村，占地 3 万平方米，注册资金 200 万元，业务范围包括：加工、销售：刚玉、碳化硅、砂轮、企业进料加工和“三来一补”业务及本厂产品进出口业务、耐火材料、机械设备。

郑州黄河金刚砂有限公司

郑州黄河金刚砂有限公司位于张常村，占地 1.5 万平方米，注册资金 630 万元，业务范围包括：加工、销售锯料级金刚石微粉、弹性磨块专用金刚石、异型金刚石、碳化硅、白刚玉等复合金刚石、软磨片专用金刚石、金刚石砂轮专用微粉、工业级宝石级钻石等。

绿色能源

高村乡北部有充足的风力资源可被利用。2019 年，荥阳新天飞龙顶风电场项目建成投产，11 月完成升压站反送电，12 月首台风机并网发电。截至 2023 年 12 月底，累计完成 19 台风机并网发电，完成装机容量 34.2MW。

绿色能源　石保定 摄

荥阳新天飞龙顶风电场项目　该项目北临黄河丘陵区，由荥阳新天风能有限公司投资建设，设计安装 27 台 1.8MW 远景风力发电机组，总装机容量 48.6MW，在秦铺头村新建一座 110kV 升压站。风机自西向东分布于王村镇、高村乡和广武镇三个乡镇。

荥阳新天飞龙顶风电场项目　石保定 摄

特色文化

LOCAL RECORDS OF GAOCUN

河阴石榴在盛唐时被作为朝廷之贡品，宋人孟元老在其著作《东京梦华录·饮食果子》里，把河阴石榴列为“美食”之一。元代，农学家王祯编撰的农业科学名著《农书》（成书于元仁宗皇庆二年，即1313年）记载：“石榴，以河阴者为最佳。”由此其成为应节佳果和吉祥的象征。其花果并丽，分房多籽被人们喻为繁盛、和睦的佳兆，在民间象征多子和丰产，是我国人民喜爱的吉祥之果，被历代名家所吟诗作画，赋予“送榴传谊”之情，加之河阴石榴富含营养元素，具有药用保健作用，可生食，加工饮料，酿酒和制醋，石榴皮可以作为鞣皮工业和棉毛染织业原料所用，具有经济实效。

2010年10月12日，河阴石榴栽培技艺被列入第一批河南省级非物质文化遗产名录。

挑经担

“担经”是荥阳市人民在庙会期间，根据当地习俗而形成的一种以娱神、娱人、教人、诵经为内容，以歌舞表演、祭祀活动为载体，含有历史、宗教、民俗、艺术等诸多文化内容的传统民间文化活动。主要分布在荥阳北部广武山沿黄河一带，这里气候干燥少雨，地势平坦，村庄分布密集，人员流动频繁，是人们进行文化文艺交流的一种好形式。

地处于荥阳北部广武山的飞龙顶庙会已有数百年的历史，庙会上常有年迈的妇女，肩上挑着担子，担经所用道具是一个特制经挑，扁担是用一根柔软的一寸宽、五尺长的竹片做成，挑子的两头分别是用布或绢做成的大鲤鱼，寓意是年年有余；有的是莲花盆，寓意吉祥平安；有的是灯笼，象征日子红红火火，团团圆圆；有的是花篮，象征生活美满幸福；左手拿彩扇，边走边扇，一是寓意扇走邪气，二是为了表演需要。担经人的服装有的穿道姑服装，脚穿红、绿彩鞋；有的穿彩装（秧歌服），扎斗篷，头上多有点缀。舞姿随着担子的颤动而起舞，行走路线一是“剪子股”，三人表演，以十字路线为中心，对面穿插，走成剪子股路线；二是“铁锁链”，一人走这种路线，二人走另条路线，像拧麻花一样多次相迭。担经的另一个特技就是用大拇指将担子的重力托起，食指和无名指与拇指形成合力夹住担子，以便拐弯转向的灵活性，有的担经人长期表演，拇指被压的变形和骨质增生。一手拿一把彩扇，边舞边唱小曲，以招来看客，向进香人化缘求善，这种活动就是“担经”。

挑经担主要传承人为飞龙顶道观道人张福贵。飞龙顶挑经担舞蹈活动队伍目前有35人左右组成，服装40余套，经担20余副，人员年龄大多在40 ~ 50岁，活动热情高涨。

2018年5月12日，挑经担被列入荥阳市第三批非物质文化遗产名录。

豆芽的传统制作技艺

豆芽又称如意菜，是利用各种谷类、豆类、树类的种子，在无光、无土及适宜温湿度条件下，培育成的芽菜类蔬菜，也称“活体蔬菜”。

传统制作流程中，选用精品芽豆、深井水进行培育，外界气温较低时，利用灶台取暖，保证豆芽生长适宜的温度。豆芽生长全靠豆子本身的生命力，大约 7 天之后便可采收，再到市集进行买卖。

优质的原材料。选用优良豆种，在源头上确保了产品的品质安全和营养健康。

优质的水源。豆芽是一种水培蔬菜，从原料的清洗到豆芽的清洗等十几道流程都离不开水，选用 350 米深的天然优质地下水，矿物质含量高，水质纯净、甘甜，确保芽苗菜色、香、味俱全。

更高孵化标准。严格按照豆子发芽的自然规律进行孵化，给予最适宜的浸豆温度和时间，最适宜的孵化温度、浇水次数、浇水量以及在营养物质含量最高的时候进行采收。

零添加。不添加任何化学物质，实现豆芽生产的自然化，经过 7 天自然孵化，口感甘甜，豆香味浓，确保了豆芽的卫生安全和营养价值。

豆芽生产制作　石保定 摄

豆芽是我国最早记载使用无土栽培技术培育的蔬菜，豆芽的发明解决了因土地贫瘠、自然灾害严重、蔬菜种类贫乏、运输不发达等因素无法食用新鲜蔬菜的难题。

豆芽的生长不受季节、不受环境的影响，只需要 7 天的黑暗培育就可以吃到香嫩欲滴的豆芽。并且豆芽有丰富的营养价值，物美价廉，确实为老百姓的餐桌上提供了一道美食。

恢复、继承传统制作技艺是一种传统文化的回归和文化身份的认同。千百年来，从物质匮乏的年代到丰富多彩、生活富裕的现在，豆芽始终没有离开过大众的餐桌。古法豆芽在孵化过程中不添加任何其他原料，使豆芽菜保留了豆类的原味清香，既营养又健康，这是一项伟大的发明，是我们古代劳动人民留给我们的一笔巨大的精神和物质财富，值得后人继承并发扬光大。

2018 年 5 月 12 日，豆芽的传统制作技艺被列入荥阳市第三批非物质文化遗产名录。

道缘金贴

道缘金贴是经过河南省质量技术监督局批准生产的药品，批准文号 Q/418A0618- 2015，Q/XSD021-2015，它是一种用醋元胡、血竭、羌活、威灵仙等数十味纯中药熬制而成的膏药，具有缓解因风寒湿邪、工作劳损引起的腰、颈、肩、膝关节疼痛等症状的性能，促进血液循环，改善健康质量。

道缘金贴是飞龙顶道长张福贵经过 20 多年的艰苦努力，走遍祖国大江南北，遍访各地高道名医，精心收集民间偏（秘）方，汲取道医秘传，汇集各派秘方之精华，以传统中医理论为基石，遵循阴阳五行变化的规律，与中医药健康产业规划师、中医药外用方剂创新师、中华中医药研究中心荥阳善德健康用品厂董事长王娟娟联手潜心研制而成。注册商标是“善德仁”，这种膏药具有使用方便，仅需揭开膏药，对准相应患处，直接贴敷，轻轻按压即可。安全可靠，它没有任何毒副作用，气味温和。吸收快、疗效好，一般症状两三贴即可消除病痛。

2018 年 5 月 12 日，道缘金贴被列入荥阳市第三批非物质文化遗产名录。

黄大王的传说

黄大王出生在敖仓黄家，从小在船上长大，因随家人常年在黄河上渡客货运，漂泊在惊涛骇浪中，吃尽了行船之苦，历练出一双广识水路的慧眼，哪里能行船，哪里要搁浅，哪里有暗流，他都胸有成竹，屡试皆准，不仅减少了船工拉纤的重荷，而且临危不惧，总能化险为夷，大家都称它为“活大王”。

一日，货船正乘风上行，突然搁浅了，被困水滩中，船工们十分着急，盼着黄大王早点回来，一个时辰后大王回来了，边听船工述说，边察看水情，向北眺望片刻后说：大伙不要着急，抓紧生火做饭，不出一个时辰，必有一股强水来袭。一个乳臭未干的毛头小子敢撂下这样的话，众人半信半疑。船工吃过饭不久，果然，犹如神助般的大水真的把河道贯通了，船工们谁都没有说话，肃然起敬的表情，似乎在传递着什么。

腊月二十九日是年尾，按中国传统新年是一家人团圆的日子，不管离家多远都要算准时间按时赶回，如果不能与家人团聚会感到非常遗憾。这一天傍晚当船自黄河下游上行至花园口时，风向突变，西风骤起，难以行船。怨言牢骚在回家过年心切的船工中引起不小的骚动。大王说赶快吃饭，饭后睡觉，一觉醒来保你在仓头湾上岸，不耽误过年。入夜，西风更急，河水拍案发出哗哗的响声，船工都已睡熟，这时大王叫醒一老船工跟他说：你揽头，我掌舵，我问水啥样，你答水大着勒。船离岸后，大王问，船工答，在一问一答声中，船慢慢逆水而行后越来越快，老船工后来回忆说，当时什么也看不到，只听到呼呼作响的风声。金鸡鸣，东方白，船靠岸，船工们高高兴兴回家过年了。有人问大王：你是怎样把船划回来的？大王是笑而不答，后来传说是九条龙把船驮上来的，“活大王”的名声在黄河九沟十八峪越传越神了。

19 岁那年，大王突然一病不起，直流黄鼻涕，弄得满身污垢，请医生为他诊治，他不让。家人熬好的草药，他拒绝服用，他知道自己命不长久，嘱咐家人归天后，不要给他换去原身衣服，几天后大王崩，家人极度伤悲，给大王换了一身新衣服，不知葬于何处，大王之所以没有成龙而成为“黄大王”是因为换去衣服的缘故。仓头船民、百姓为感其恩，更为祈求行船安全，年景风调雨顺，经众议而决，在东仓草庙沟村北的半山上修建大王庙，把每年 9 月 17 日大王的生日定为大王庙会日，唱戏三天恭贺。

2020 年 8 月 17 日，黄大王的传说被列入荥阳市第四批非物质文化遗产名录。

孟母庙会

孟寨（自然村），位于黄河南岸约 6 千米处的广武山之南，距郑州市西北约 30 千米、荥阳北约 10 千米、高村乡政府所在地高村之东北角 0.5 千米处。离连霍高速荥阳高村上下站口约 2 千米。处在东经 113°64′，北纬 34°7′，这里地理位置优越，交通便利，属广武原平川地带，粮棉果蔬皆丰。

在东周周显王（姬扁）约二十三年（约公元前 346 年）前后，孟子率学子西游，至河阴县城西阿弥岭（今荥阳市高村乡孟寨村）时，其幼子叔纪突发恶疾，孟子夫妇无奈间，入岭傍一道观求道长救子。观内晁道长失家后携女儿晁卉入观修道。他见叔纪病重，立即请名医会诊施救。月余叔纪病愈，但仍须巩固治疗，孟托子于道长，言归时携子回鲁。但孟子一去无返，十六年间道长待叔纪胜如己出，使之与女同学。子女成人后，晁视其正配相当，又为其完姻，继而在阿弥岭买地造屋，至后来孟寨成村。

道长早有心思，要叔纪归鲁探家，叔纪夫妇当然欢喜。择日启程，达鲁邹后在孟府与祖母、父母兄弟团聚，在故居，孟母促叔纪随父习文，如此更加丰富了叔纪之仁义礼智信方面学识。一两个月后孟母又促叔纪回归河南，为养父、师傅、岳父晁道长尽孝免孤，并送书简盈车，当然叔纪对父赐书简研读无倦，为叔纪舌耕于“播仁堂”之教学奠定了坚实基础。最令叔纪珍视的是祖母所赐十六幅画卷，是以图绘就叔纪流寓河南之事实资料（锦绘）。

叔纪夫妇年迈，曾嘱子孙于榻前，交待后事曰：辞世后葬己于阿弥岭道观南晁道长足下；祖母所赐 16 幅画卷当珍藏传后；建文化传承基地于宅旁，书 16 幅画卷于四壁，示后代悉知 16 幅记述叔纪落户河南之经过。

叔纪去世后，其后代子孙、德高贤孝，在其家中立牌位供奉，使孟母教子文化代代相传，盛清时期，河阴县令孟世勋，托付其侄孟起及金政曾夫范作仁在孟寨修建孟母庙，以传承彰显忠孝，参拜者不计其数，传承至今。后经有志之士商讨，把每年的农历二月初二“龙头节”定为“孝母节”。自此，“孟母庙会”得以兴起，在民间广泛流传。每年的二月初二这天，赶会者络绎不绝，参拜百姓排队等候，车水马龙、热闹非凡，后经政府及知名人士多次论证、商讨，于 2000 年改为农历二月初十这天定为“孟母古庙会”。

文物胜迹

古代遗址

秦王寨遗址

秦王寨遗址位于高村乡枣树沟秦王寨（自然村）西北部的山顶台地上，中心地理坐标为北纬 34°56'52.1"，东经 113°20'36"。

遗址地处广武山顶，属浅山丘陵地貌，整体为一孤立的台地，周围除东部外多与自然冲沟为邻、北部、南部分别为枣树沟和寨沟，西部临崖壁与黄河相望。台地平面形状极不规则，地表较平坦（经过平整），总面积 3 万余平方米。在 1922 年由瑞典人安特生首先发现，是中国最早发现的 4 处仰韶文化遗址之一。秦王寨遗址文化层厚 3 ~ 4 米，地表散存不少红烧土块、陶片和残石器等，采集的标本有陶体、陶罐形鼎、陶碗、陶豆、陶小口尖底瓶、陶环及石斧、石棒、石环和蚌铲等。该遗址因发现较早且内涵丰富，被学术界称为仰韶文化“秦王寨类型”。

1987 年 3 月 1 日，其被郑州市人民政府公布为郑州市第一批文物保护单位。2006 年 6 月 8 日，其被河南省人民政府公布为河南省第四批文物保护单位。2013 年 3 月 5 日，其被国务院公布为第七批全国重点文物保护单位。

秦王寨遗址　石保定 摄

官庄遗址

官庄遗址位于高村乡官庄村周围，范围较大，西至荥（阳）高（村）公路，北部接近连霍高速公路，东至村东，村南也有部分遗存，面积100万平方米以上。地理坐标为北纬34°54'27"，东经113°22'34.5"。

遗址地处平原，地势相对平缓，区内原有小型冲沟和岗地分布，西北部不远有枯河。遗存主要分布在村北和村西两大区域。村北区主要以西周晚期向东周早期过渡时期的文化遗存为主，另外，也分布着商代和汉代时期的文化遗存。官庄遗址西部的遗存以西周晚期、东周为主，此外也有少量龙山和汉代文化遗存。

2019年10月7日，其被国务院公布为第八批全国重点文物保护单位。

西司马遗址

西司马遗址位于高村乡西司马村北，西起村西北苹果园，东至司马学校，南抵村庄（部分被村庄所压），北临古河道，面积达80万平方米。中心地理坐标为北纬34°52'33.9"，东经113°20'25.7"。

官庄遗址　高村乡人民政府 供图

西司马遗址　高村乡人民政府 供图

考古调查与发掘资料表明，西司马遗址是一处范围较大，文化遗存以二里头文化聚落和商周平民墓地为主要内容的重要遗址。

2006 年 6 月 8 日，其被河南省人民政府公布为河南省第四批文物保护单位。

刘沟遗址

刘沟遗址位于高村乡刘沟村北的山顶上，南北总长约 350 米，东西存宽 30 ~ 50 米，面积 1.2 万多平方米。地理坐标为北纬 34°57'30.2"，东经 113°22'32.6"。

遗址位于广武山顶，地貌属浅山丘陵区，由南北向排列的 3 处小台地组成，北称天成寨，中称彦章寨。三山头之间有因自然原因形成的低地和冲沟，从地形分析它们最早应是连在一起的。在遗址的周围，较大的自然沟和山间小台地交错分布，西面为诏下峪，东面临刘沟，南北为丘陵台地。

刘沟遗址以龙山文化遗存为主，兼有仰韶文化和战国遗存。

刘沟遗址 石保定 摄

1987年5月6日，其被荥阳县人民政府公布为荥阳县文物保护单位。2009年6月3日，其被郑州市人民政府公布为郑州市第二批文物保护单位。2021年12月17日，其被河南省人民政府公布为河南省第八批文物保护单位。

池沟寨遗址

池寨沟遗址位于高村乡马沟村北400米，地理坐标为北纬34°55'5.4"，东经113°19'8.2"，海拔高140米。根据采集的遗物特征分析其年代应为仰韶、龙山时期。该遗址为我国20世纪20年代初在中原地区最早发现的少数几处新石器时代文化遗存之一，遗址遗迹遗物较丰富，对研究郑州地区沿黄一带新石器时代古文化遗址的分布与发展演变情况等具有一定的价值。

2009年6月3日，其被郑州市人民政府公布为郑州市第二批文物保护单位。2021年12月17日，其被河南省人民政府公布为河南省第八批文物保护单位。

西张村遗址

西张村遗址位于高村乡西张村村西、村北一带，西、北临枯河河道，部分被村庄占压，总面积约 30 万平方米。地理坐标为北纬 34°52'32.6"，东经 113°22'06.3"。西张村遗址，原地貌中部略高，经过平整，现为低缓的多级台地。除在地表捡到陶片外，在遗址西部、北部及北中部的田间断崖上，均发现有文化层和灰坑分布，内部夹杂有较多的陶片。采集的以泥质灰陶为主，泥质红陶也占一定比例；器表除素面外，主要纹饰有绳纹、方格纹、附加堆纹和弦纹等；可辨器型有陶罐、鼎、碗、甑、小口瓮、大口尊等仰韶文化、龙山文化和二里岗文化陶器。此外，还采集有石铲等石器。上述各时期文化遗存中，以龙山文化遗物较为丰富。

2009 年 6 月 3 日，其被郑州市人民政府公布为郑州市第二批文物保护单位。

西张村遗址　高村乡人民政府 供图

大骨头遗址

竖河遗址位于高村乡司马村竖河自然村南350米，地理坐标为北纬34°52'3.8"，东经113°21'21"，海拔高113米。遗址平面呈正方形，南北约300米，东西约300米，面积约90000平方米。1992年4月，河南省文物研究所曾在此试掘，发现较多灰坑，房基，墓葬等遗迹，出土遗物较多。根据对发掘遗迹及出土遗物的研究，表明该遗址文化内涵包含龙山文化及二里头、晚商、战国、汉代等，其中以龙山文化和二里头文化遗存为主。该遗址对研究中原地区新石器——汉代文化的发展演变规律和类型划分等具有重要价值。

1987年5月6日，其被荥阳县人民政府公布为荥阳县文物保护单位。

高村寺遗址

高村寺遗址位于高村乡高村寺村东南，地理坐标为北纬34°52'47.5"，东经113°23'12.6"，海拔高115米。南北长300米，东西宽200米，原地势较高，因建砖窑厂取土致使遗址地表遗迹丰富区被削去2米左右。依据采集到的标本判定该遗址为商代文化遗存。遗址为20世纪80年代文物普查时发现的一处早商文化遗存，过去曾出土有青铜器等重要文物。该遗址对研究枯河（古称砾石溪）流域古文化遗存的分布及当时的社会经济状况等具有潜在的研究价值。

1987年5月6日，其被荥阳县人民政府公布为荥阳县文物保护单位。

建德城遗址

建德城俗称黄牛寨，遗址位于高村乡牛口峪村东，地理坐标为北纬34°55'5.5"，东经113°20'6"，海拔高140米。长约200米，宽约150米，形状不规则。现存城墙主要为北墙（96米），东墙（34米），南墙（14米），最高5米，一般2.5米，夯土层隐约可见较坚硬。唐武德初年，窦建德为解洛阳王世充之围，从河北南下到此安营扎寨，并与前来阻其西进的秦王李世民在虎牢关一带展开大战，结果李世民大胜，窦建德大败被俘，这就是历史上著名的“武牢之战”。

1987年5月6日，其被荥阳县人民政府公布为荥阳县文物保护单位。

建德城遗址 石保定 摄

古墓葬

王祥冢

王祥墓位于高村乡高村村东南之枯河北岸。地表所存封土堆，南北长 44 米，东西宽 34 米，高约 4 米，占地面积近 1500 平方米。夯土筑成。

《晋书》载：王祥，字休征，琅邪临沂人。性至孝，幼丧母，继母不慈。父母有病，常衣不解带，汤药必亲尝。继母在寒冬天要吃鲜鱼，王祥便脱衣趴到河冰上捕之，以致孝心感动苍天，河冰自裂，两条鲤鱼从河中跃出，王祥持归。他以其事被列为我国古代著名的“二十四孝”之一，广为传诵。

王祥，魏晋贵族，历汉、三国魏、西晋三代，终年 85 岁。累官至三公（三国魏之大司农），还是东晋显宦王导的伯祖父。

1987 年 5 月 6 日，其被荥阳县人民政府公布为荥阳县文物保护单位。

古建筑

油坊秦氏旧宅

油坊村，位于高村乡中部。是荥阳市保存古代民居砖木建筑最多的村庄。村中原有秦氏先人自清代前起贴绒修建的豪宅10余处，楼、房100余所。至今保存下来的楼、房仍有40多所，较好的大院5处（每处均有楼，房3所以上。编为1 ~ 5号院）。5处院落中，现存楼、房7所以上者3处，院落基本完整者2处，原油坊寨内东北角之一座大院为典型代表（编号：1号院）。油坊秦氏旧宅群中，现存楼房最多的三处院落是：

1号院：坐北朝南，砖木结构，分为前、后两节，俗称前客厅后楼院。由7所主体建筑构成典型的二重四合院式封闭建筑群、建筑面积700余平方米。2006年6月8日，河南省人民政府公布为河南省第四批文物保护单位。

前院：由4栋均为一层的房屋和大门楼组成。具体为倒座、左右厢房和正房（客厅）。正房宽、高，明显大于其他房屋，面阔5间。屋内用粗大的上好木材做梁、柱，前檐下的斗拱上均饰彩绘图案，檐柱及廊柱的柱础石别致精秦氏旧宅美，雕刻动物等图案。月台外用厚石条筑成多级台阶，石条上面大多从中间断裂，传说是被苌家拳祖师苌乃周用脚踏断的。左右厢房与倒座之间有月亮门，院内有株长达百年以上的腊梅树。

后院：由3栋三层的楼房和前院客厅构成。主楼通高约13米，正面底层和二层中间均开1门，第三层只设3窗。底层之门制作讲究，门板用铁皮包镶，外嵌铁泡钉。门外侧嵌石联："创业备尝辛苦，守成慎勿骄奢。"横额"存朴堂"，旁署"乾隆二十四年"（1759年）。在2、3层正面的门、窗周围用青砖雕磨成的精美图案作装饰，具有一定的艺术价值。据该宅石额所题修建于清乾隆二十四年（1759年）的时间，并结合清光绪三十四年（1908年）续修的《秦氏家谱》的有关内容推断，此院的主要修建者应是秦承宗。据该谱，秦承宗"候选同知"。但其致富的原因以及建房的具体情况，则未有明确记载。

3号院：俗称南大宅，位于油坊村西南，北依村中大街，为一处三进式四合院落，也是油坊住宅群中现存院落最多的一处。据记载为秦璠如修建的宅院。该院坐南向北，除中院正房和倒座已毁外，现存前院正房、左右两厢房、大门楼（新修过），中院左右两厢房，后院正房和两厢房等楼房共9所，占地面积800多平方米。房屋均为砖木结构，硬山顶，整体布局从南往北逐次降低，后院房屋最高，前院正房比较宽大。这些房屋有不同程度的修缮，部分房屋塌顶、檩椽糟朽情况严重，整体保存稍差。

4号院：俗称秦氏家庙，位于油坊村东，南临村中大街。该院坐北向南，为两进四合院式建筑，清乾隆二十四年（1759年）秦恭建。院落布局完整，保存较好，现有楼房7所，包括前院之倒座（含大门楼）、左右两厢房和正房，后院之两厢楼和正楼。其中后院正楼，面阔5间，高三层。在底层门外墙壁上嵌有石偏联：横额“内省斋”，联为“居家宜和，效张公多书忍字；处事莫刻，法司马厚积阴功”。此院是秦恭个人所建的住宅，后改作秦氏家庙。院内保存有多通有关秦氏家族历史的家谱碑和墓碑等。2009年6月8日，其被河南省人民政府公布为河南省第四批文物保护单位。

油坊秦氏旧宅 陈重孚 摄

油坊秦氏旧宅前院之一　石保定 摄

油坊秦氏旧宅前院之二　石保定 摄

油坊秦氏旧宅前院之三　石保定 摄

油坊秦氏旧宅后院之一　陈重孚 摄

油坊秦氏旧宅后院之二 石保定 摄

油坊秦氏旧宅后院之三 陈重孚 摄

秦氏家庙之一　陈重孚 摄

秦氏家庙之二　王晓辉 供图

中共油坊地下联络站旧址

中共油坊地下联络站旧址，位于高村乡油坊村天主教堂。现为 3 所楼房组成的一个院落。

此院为秦和尚旧宅，坐北向南，为多进院落，20 世纪 30 年代改为教堂和学堂。现存教堂为最后一进院。院内北部主楼，3 层，长 13 米，宽 4.5 米，通高约 12 米，硬山，灰布瓦顶，保存较好。东、西厢楼均为二层，原为硬山屋顶，后改建为平顶。

1944 年秋至 1945 年秋，皮定均、徐子荣率领的豫西抗日先遣支队在荥（阳）、广（武）、汜（水）一带开展抗日活动，为了方便与华北解放区的联系，利用学校和天主教堂作掩护，在此建立了地下联络站，以秘密护送党政军领导来往和传递有关情报。

1987 年 5 月 6 日，荥阳县人民政府公布为荥阳县文物保护单位。2009 年 6 月 3 日，其被郑州市人民政府公布为郑州市第二批文物保护单位。

中共油坊地下联络站旧址 陈重孚 摄

石榴副产品之一　石保定 摄

石榴副产品之二　石保定 摄

河阴石榴除有石榴果实销售外，还积极支持对石榴这一地区优势资源进行深加工，促进本地区石榴产业的进一步发展壮大。目前有石榴花牛肉酱、石榴酒、石榴茶等石榴副产品在市场销售。

中药材

黄花茵陈

茵陈（拉丁文名：Artemisia capillaris Thunb.），别名牛至、白毫、耗子爪、田耐里、因尘、马先、绵茵陈、绒蒿、细叶青蒿、安吕草，管状花目、菊科、牛至属植物蒿经冬不死，春则因陈根而生，故名因陈或茵陈。至夏其苗则变为蒿，故亦称茵陈蒿。中国民间现尚有以米粉作茵陈糕、团的习惯。茵陈做菜，要采嫩苗，老的是药用茵陈蒿。故有“二月茵陈，五月蒿”的说法。茵陈有两个采收期，春季采的习称“绵茵陈”；秋季采的习称“茵陈蒿”。

防 风

防风［拉丁文名：Saposhnikovia divaricata（Turcz.）Schischk.］，别名铜芸、回云、回草、百枝、百种。是一种药草的名字，多年生草本植物，其喜凉爽气候，耐寒，耐干旱。防风的根可生用。味辛、甘，性微温。有祛风解表，胜湿止痛，止痉的功效。

远 志

远志（拉丁文名：Polygala tenuifolia Willd），又名葽绕、蕀蒬等。多年生草本，主根粗壮，韧皮部肉质。具有安神益智、祛痰、消肿的功能，用于心肾不交引起的失眠多梦、健忘惊悸，神志恍惚，咳痰不爽，疮疡肿毒，乳房肿痛。

生活习俗

婚 俗

中华人民共和国成立后，婚姻制度大有改变，提倡自由恋爱、婚姻自主，从父母包办、媒妁之言的束缚中解放出来。废除了转小启、转大启的陈规陋习。坐轿变为坐车，大吃大喝变为一壶茶，一包糖。男女到订婚年龄，一般是双方同意后，再由媒人领着女方和女方家长对男方进行暗见，中意之后，约定时间进行明见。男女双方进行交谈，互相了解。再由男方拿出见面礼于女方，若女子将礼收下，即为满意。换东西后，双方就算订下婚约，男女双方可相互来往，互相了解，由双方家长商定日期，让子女到乡政府进行登记，领取结婚证，以后由男方选一吉日，举行婚礼，就为正式结婚。

1950 年，颁布了《婚姻法》，废除了解放前包办婚姻、一夫多妻。规定男二十周岁，女十八周岁为结婚法定年龄（后来规定为男二十二岁，女二十周岁），提倡男女青年先恋爱、后结婚、婚姻自主。实行一夫一妻制。

1978 年以后，随着改革开放步子加快，男女青年思想觉悟的提高，男女青年凭相应手续即可结婚。

20世纪90年代高村乡婚俗 马景芝 供图

满 月

农村生了小孩，特别是生了头胎，从小孩出生的那天到满一个月，有很多习俗。

报喜：小孩出生的当天，孩子的父亲必须去岳父家敬祖放鞭，报告喜讯、报母子（母女）平安，告诉岳父岳母添了外孙（外孙女）。

出窝：小孩做了满月，女儿要抱着孩子到娘家过门，外孙出生后第一次随母亲到外婆家过门俗语叫“出窝”。孩子回家时，外婆还要给外孙肩上搭花线，颈上挂银坠，以示祝愿外孙长命富贵。

送米酒：女儿生了外孙，母亲要酿米酒、备鸡蛋，第三天带着米酒和鸡蛋去看女儿和外孙，小孩满一个月，家里人要忙着为孩子做满月，以示庆贺。娘家要给外孙买新衣、鞋帽、座椅、推车、摇篮等小儿用品，在小孩满月的那天送去，通常叫送祝米。

吃红蛋：小孩满月请酒，也叫吃满月蛋，这种喜酒凡坐席吃酒的宾客，东家都发四个煮熟染色的红鸡蛋，人们带回去做礼品。后来，也有的人家做满月将鸡蛋不煮熟，只将生鸡蛋染上红色就行了。

司马村村民待满月风俗 石保定 摄

剃发：有红顶之意，象征未来功成名就、生官吉兆。将红蛋放在婴儿头上，轻轻的来回滚三次，口念："鸭卵身、鸡卵面，好亲成，来相匀。"

亲友俗礼：亲友多半送衣物、金饰及红包等礼品，俗称"送庚"；用红线作一小袋，将钱币或银元放入袋中，再将袋子挂在婴儿脖子上，俗称"挂领"。

外家：外婆此天会备"头尾贺礼"及"外婆圆"送来女儿家。现今大多用礼金代替。"头尾贺礼"即是婴儿从头到脚所需穿戴的衣物，包含所需的鞋袜、手环及金饰。"外婆圆"就是外婆送的粉红色圆子。

喜家：备油饭、米糕、酥饼、红圆，现代有用蛋糕、饼干等答谢亲友；亲友在回礼时依古礼须放少许白米及几粒小石头于容器中，以期婴儿身体健康。

祝 寿

祝寿，俗称"过生日""庆寿""做寿"。做寿起始年龄有着严格的限定，即人不过五十岁不为寿，到了六十岁才开始做寿，有祝"六十大寿"之说。一般来说，人在六十岁之前不举行任何庆生日、做寿活动。六十大寿做过之后，只有六十六岁生日时，方有隆重庆寿之举，取“六六大顺”之吉兆。

亲友祝寿送礼比较讲究，礼品必为面条、花生等。面条，谓之“长寿面”；花生，谓之“长寿果”。其余礼品不拘。已嫁闺女特别重视为父母亲庆寿。乡谚有：“六十六，闺女送一刀肉。七十三，送条鲤鱼猛一蹿。七十七，闺女送只老母鸡。八十八，闺女送只鸭。九十九，闺女送条狗。”至今，老人六旬后，每逢数九，嫁女都送一只鸭或鸡，用以“抚劳”。每逢闰月，嫁女为父母送闰月鞋袜、衣服。

回 门

回门，又称“归宁”，亦即“回娘家”。汉民族婚姻风俗。回门也是新婚夫妇真正意义上第一次回娘家省亲，夫妇二人双双对对，参拜女方父母，自然是一种必不可少的礼节。这时的新郎见到岳父岳母，就应改口为爸爸、妈妈，为整个婚礼正式收尾，即让新娘父母看到二人婚姻美满之意。岳家还要设宴款待新女婿，有的女方亲戚还要闹女婿。当然，此时的新女婿还是要献给岳父母“回门礼”“回门钱”，并根据各地不同，带上不同的礼品。有的带一只公鸡，取“吉祥如意”之意。有的带上些肉、鸡蛋、面等物，到了女方家，还要住几天方可返回。而更常见的还是奉橘子、苹果、香蕉、酒等，样式多不固定，但切忌回门礼为单数，必须是双数，意为夫妻成双，合好百年，单数则不吉利。等过第一个春节，新郎还要偕妻子带礼品正月初二去给岳父岳母“拜新年”，长辈一般都设宴款待，并在返家时给新人赏钱。

回门的时间各地不一，古时是结婚第三日、第六日或七、八、九日，也有满月回门省亲的。现在通常在婚后第三天，又称“三朝回门”。春秋时期就有回门之俗，后代沿袭至今。由于“回门”是新婚夫妇一块回门，故称“双回门”，取成双成对的吉祥意。回门时，旧俗规定新娘走在前面，返回男家时，新郎走在前面，因为这次回门是女儿新嫁后第一次回娘家，有的又称“走头趟”。在“双回门”后，一般不准在岳家过宿，需当日返回男家，因为旧时有新婚一个月内不空房的风俗。但若要留住，则需留住数日，且不同宿一室。

庙会集场

飞龙顶庙会

飞龙顶庙会，一年有两次。第一次在初春的农历三月十七、十八、十九日；第二次在深秋的农历九月二十七、二十八、二十九日。初春的庙会古已有之，深秋的庙会是近年兴起的。庙会规模大，人员多，是来此旅游、了解民情民俗的最佳时机和场所。

飞龙顶庙会早在明清时期就已经兴起。最初，庙会会期只有一天，即在农历三月十八日，后来，随着庙宇规模的不断扩大，黄河两岸荥阳、密县、巩县、武陟、温县等地方圆百里前来观光朝拜进香的人络绎不绝，就把会期改为现在的三天，以满足香客和

飞龙顶庙会之一　石保定 摄

麦穗　石保定 摄

麦垛　石保定 摄

11. 清明前后种瓜点豆。

12. 头伏萝卜二伏芥，三伏里头种白菜。

13. 处暑不种田，种的蔓菁吃半年。

14. 秋分早，霜降迟，寒露种麦正当时。

15. 小雪不分股，大雪不出土。人活一百，植谷早麦。

16. 早了不结籽，晚了穗头空，种到正当时，打头总不轻。

17. 种地不上粪，等于瞎胡混。巧犁耙不如拙上粪。庄稼一枝花，全靠粪当家。

18. 有收无收在于水，收多收少在于肥。

19. 春争日，夏争时，五黄六月争回楼。

20. 谷雨麦挑旗，立夏穗出齐。一穗两穗一月上囤（指入仓）。

21. 参（shēn）不落，地不冻，有籽就要种。

22. 六月立秋植收晚丢，七月立秋植晚都收。

23. 耧铃响，萝卜长。

24. 雾大收养麦（指麦丰收）。

25. 豆豆六十六（指种豆起六十六天成熟）。

26. 吃不穷，穿不穷，计划不到一世穷。

27. 种不好庄稼是一季儿，找不好对象是一辈儿。

28. 一个娘养活十个郎，十个郎养不了一个娘。

方　言

安生：安静，温顺。

白吭气儿：别说话。

喷喷阔儿：聊天。

不老美：不舒服。

熬遭（āo zāo）：垃圾。

背筋儿：抽筋儿。

背风、背雨：指找个地方避风或避雨。

不胜：不如。

布衫儿：单上衣。

藏黑老某儿：捉迷藏。

呲啦：指听的声音不清楚、不清晰。

打别：故意和别人过不去。

打霍闪：打哈欠。

得会儿（diē huì ér）：不到时候，还需要一段时间。

独个儿：一个人，自个儿。

动事儿：有动静，开始、开工。

地绷儿（dì baor）：徒步，步行。

肚膜脐：肚脐。

二半道：指事情没有干完。

费手、费嘴、踢腾：指孩子淘气、捣乱。

嘎嘎：对联、花纸。

甘志：甘蔗。

搁不住：经不起。

胳老肢儿：腋窝。

瓜劲儿：努力、加油。

怪不道儿：原来如此。

好吃受：形容一个人吃东西不挑剔，能吃。

花大姐：椿树上的飞蛾。

黄黄苗：蒲公英。

娇病：娇气，说不得、碰不得。

抠持：慢慢的干。

空柯镂儿：空腔。

赖好：将就。

老师儿：作坊内干活的师傅，身边常带着徒弟。

冷子：冰雹。

落申儿：花生。

冒肚：拉肚子。

麦口儿：指要收麦子的时候。

没动星：没有一点行动。

冇（mō）：没有。

冇材料：没有眼色。

屁股沉：到一个地方不愿意走。

铺里儿：褥子。

人窝儿：人群里、人堆里。

小绰儿：麻雀。

成年：整年。

烧包：臭美。

生法儿：想点子。

统共：一共。

提劲儿：有意识地强提精神。

围嘴：围在幼儿脖子上预防口水溻湿衣服的配件。

污乱：把软的东西揉成一团。

下脖：下巴。

响器：唢呐。

校获：高声呼喊。

歇晌：午休。

言一声儿：说一声。

一势儿：一伙儿。

有热儿：上火。

就手儿：一开始就准备好。

嘴把儿：吃剩下的馍或饭。

长毛：食物严重发霉。

这枪：这边。

正当间：正中间、正当中。

知事儿：管事儿。

卓：这个。

转转圈：散步、游玩、逛街。

名人名乡

LOCAL RECORDS OF GAOCUN

人物传记

苏鹏翥

苏鹏翥，字子羽，牛口峪人，同治元年（1862 年）举人，主东渠书院及荥阳汴源书院，清方志家。学识广博，尤殚力乡邦文献，撰《河阴志稿》15卷，另著有《苏子羽年谱》《苏氏杂著》《伪学辩谬录》等。

王肇基

王肇基，又名王兆吉，字笠夫，高村村人，清篆刻家，约生活于道光、咸丰年间。少负奇志，倜傥不羁，好剑术，工技击，通医学，善丹青，尤酷嗜秦汉以来印玺，专精篆刻。官东湖知县、施南宜昌府同知，升施南府知府，为政尚宽大，著有《新心别馆印存》。

陈云路

陈云路（1880—1945），字子怡，又作子翼、自怡，陈铺头村人。清廪生。后毕业于河南优级师范，曾任河阴县高等小学校长。民国五年（1916 年），陈云路参与《河阴县志》的编修，任分修兼总校，后历任《河南通志》采访主任、协修，北京女子师范大学图书馆馆长、西京筹备委员会考古专员。著有《西京访古丛稿》、校正《两京新记》等多部著作。陈云路毕生治学严谨，其修志坚持体必严，义必正，例必明，表若列眉，图如指掌，传惟征实，考不厌详。在考古工作中，陈云路对丰京、镐京之考证，对咸阳原上汉陵之定位，对汉长安城的系统研究，都有深刻的见解。

李天宇

李天宇（1914—1967），男，高村乡荆寨村人。毕业于延安抗日军政大学，先后在省医大附属医院和南京医院工作。

1937 年，李天宇怀着一腔爱国热血，为挽救民族危亡，进入国民党陆军 166 师军医处任中尉军医，不久便对国民党大发国难财而心灰意冷。两个月后，毅然奔赴延安，经过近 3 年的系统学习，1940 年，李天宇奔赴抗日最前线。此后 5 年时间，李天宇活动在洛阳、广武、汜水、荥阳、密县、高村、贾峪等地，利用游击形式，打击土匪、日寇和敌伪势力。1947 年，李天宇参加解放四平战役，同年任延吉第三独立团参谋长，奉命前往锡盟地区负责剿匪任务。后来调到呼盟军分区，任副司令，驻海拉尔。

1952 年，李天宇被调到北京总后勤部任油料技术处处长，因坚持正义，期间遭遇诬陷打击，被强行调往大庆。大庆工委以"莫须有"的罪名，将李天宇开除出党，后迫害逐渐升级，1967 年 12 月 13 日李天宇被迫害致死。1974 年平反。

王子珍

王子珍（1903—1983），原名王廷献，又名王雨生，高村乡张常村人。1930 年，毕业于河南大学，在开封做教育工作。1937 年参加革命，同年 5 月加入中国共产党。中华人民共和国成立后，王子珍历任中学校长、郑州市文教局长、开封市人民政府委员兼教育局长、开封市副市长、开封市政协第三、四届委员会副主席，开封市第一、二、三、四、五届人民代表大会代表。1983 年，王子珍在开封去世，骨灰撒入黄河。

段景祥

段景祥（1870—1948），字云溪，高村人。清末考中秀才，后习中医。曾在开封市行医，只看病，不卖药。1937—1948 年，在高村行医，名重当时。其子段珍瑜，其孙段玉贵，孙媳李桂英，皆为医生，可谓杏林之家。

高弘毅

高弘毅，（1909—1995），高村人。长于书法，为郑州市书法协会委员。曾参加第一届中原书法大赛，其书法冲融淡雅，格调高远，为一方名家。

荣获战功（三等功）人员名录

姓名	性别	民族	户籍地	入伍时间	退伍时间	立功受奖情况		
						（集体 / 个人）	（战时 / 平时）	授奖时间
陈新庄	男	汉	邛山村	1984.10	1988.12	三等功（个人）	战时	1988.6
焦玉清	男	汉	张村村	1978.3	1982. 1	集体三等功	战时	1979.2
苏增民	男	汉	张村村	1978.3	1981.1	个人二等功 个人嘉奖 连集体三等战功 一排集体一等功 一班集体二等功	平时、战时	1979
周振江	男	汉	周寨村	1984.12	1988.12	三等功（个人）	战时	1988.6
于保同	男	汉	陈铺头村	1974.12	1980.1	个人三等功	战时	1979.4
陈春燕	男	汉	陈铺头村	1995.12	1998.12	个人三等功	战时	1998.9
高连义	男	汉		1973.2	1977.3	三等功（个人）	战时	
王茂林	男	汉		1978.3	1981.1	个人二等功战	战时	1979.5
陈长林	男	汉	吴村	1976.3	1981.4	三等功（个人）	战时	1979.2

艺文

诗 赋

河阴夜泊忆微之

［唐］白居易

忆君我正泊行舟，望我君应上郡楼。
万里月明同此夜，黄河东面海西头。

高村道中

［清］曹宗瀚

村雅催晓著鞭初，几处柴门傍竹居。
身在秋山图画里，半林红叶客骑驴。

敖山夕照

［清］范为宪

穿林短笛策归牛，西望斜阳在涧幽。
野老有怀思炙背，渔翁罢钓欲同舟。
苍烟泯没清山色，曲磴迷离古洞兴。
极目平郊移咫尺，黄河秋水更东流。

牛口峪

［清］许勉燉

关中王气净兵氛，直指东都扫阵云。
胜算不从凌祭酒，老谋能用薛参军。
虎牢犄角棋先定，牛口仓皇火自焚。
卷旆纷驰擒二敌，凌烟高阁早书勋。

河阴夜泊　王宏业 摄

夕照　石保定 摄

飞龙顶题壁

陈云路

古壁丹青管钟多，不知岁月几番过。
千年星石盈苔藓，百尺虹桥长地萝。
两岭斜通牛口峪，南宫遥接马蹄坡。
山中巧鸣缓归去，游迷老僧云雾窝。

古人咏石榴诗词

病中庭际海石榴花盛发感而有寄

［唐］皮日休

一夜春光绽绛囊，碧油枝上昼煌煌。
风匀只似调红露，日暖唯忧化赤霜。
火齐满枝烧夜月，金津含蕊滴朝阳。
不知桂树知情否，无限同游阻陆郎。

千叶石榴花

［唐］子兰

一朵花开千叶红，开时又不藉春风。
若教移在香闺畔，定与佳人艳态同。

咏石榴

［元］张弘范

猩红敢教染绛囊，绿云堆里润生香。
游蜂错认枝头火，忙驾熏风过短墙。

赵中丞折枝石榴

［元］马祖常

乘槎使者海西来，移得珊瑚汉苑栽。
只待绿荫芳树合，蕊珠如火一时开。

牛口峪　周建功 摄

牛口峪渡口 石保定 摄

飞龙顶　石保定 摄

石榴花　石保定 摄

乌夜啼·石榴

［宋］刘铉

垂杨影里残红。甚匆匆。

只有榴花、全不怨东风。

暮雨急。晓霞湿。绿玲珑。

比似茜裙初染、一般同。

庭榴

［明］黄峨

移来西域种多奇，槛外绯花掩映时。

不为深秋能结果，肯于夏半烂生姿。

翻嫌桃李开何早，独秉灵根放故迟。

朵朵如霞明照眼，晚凉相对更相宜。

燕京五月歌

［明］徐渭

石榴花发街亦焚，蟠枝屈朵皆崩云。

千门万户买不尽，剩将女儿染红裙。

石榴

［明末］吴伟业

五月华林宴，榴花照眼来。

百株当户牖，万火照楼台。

绿帐垂罗袖，红房出粉腮。

江南逢巧笑，齲齿向人开。

重修飞龙顶记

李经国

邑治乾方，群峰插天，垒嶂幡地，窄峪而周匝者，广武之玄帝顶也。前面高山之阻，后带黄河之险，诸巘来朝，势若星拱，朝晖夕阴，气象万千，此则金顶之巨观也。嗣后历年，久苦难整葺，时多善众，概然有草开林、崇基丧刹之思，但板楔、木石、土砖、匠材，不能具，应募十方，奖成胜概。于是崇起金顶，创兴南岩，开左山，修朝圣门，建乐楼，置王母洞，仙鲞得道，云路冲顶，以暨青龙庭列左，白虎庭列右，即玉仙台、黑虎殿、钟鼓楼、各有安位。若灵官殿门墙大为改观。尔时，帝母呈祥，神虎显圣，威灵浩大，莫可测倪。然规模若自天设。造作实有人力主其事。张应全夫妇交瘁，相其成者陈子兰等，彼此劝勉，所为鸠工选材，量工给食，度道治之中木石可用者，移而并茸之，砻凿旧料，佐以新材。工报於顺治八年，告竣於顺治之十一年。营工三载，输资两河，层峦耸翠，飞阁流丹。美哉轮！美哉奂！登斯顶也，真有长烟太空，皓月千里，远近共瞻，神人咸若者矣。予故羡其速成，不禁慨幕为言，以为作善者劝。

仓头口引河告成疏

嵇曾筠

雍正元年六月，豫省黄河南岸中牟之十里店隄工漫溢。臣曾筠奉命堵筑，驰驿前往，会河臣、抚臣并力抢筑，旋庆安澜。因思豫河之患，全由於北岸武陟秦家厂之决口。遂致河心淤高，水行两岸，东冲西突，其性难驯。是则治豫河者，必将使武陟水势条顺，而后振裘挈领，徐图下游。乃上游水势，自三门、七津建瓴而下，历孟县、温县，北岸长有沙滩，逼水南趋，至仓头口，绕广武山根，逶迤屈曲而下，已成兜湾之势。及至官庄峪，则有山嘴外伸，形如挑水，又由西南直注东北，沁、黄交汇之区。秦家厂一带，顶冲受险，以致旋堵旋决，频年为患。圣天子宵旰忧勤，多方指示，务期永远保固。曾筠躬承逾旨，敢不悉心筹画，以期仰副皇上重河防至意。谨为之巡历上游，沿途审视，露处小舲，越宿晨兴，凭高远望，灼见於致患之由，端在仓头口对面横亘之沙滩。若不及早疏浚，则滩形日长，山嘴之挑水益急，自南北注之势愈甚，虽於下流，竭蹶堵筑，终属无益。今议就仓头口以上之沙滩，开挑引河一道，直接中泓，准对官庄峪下游之水口，越过山嘴，俾水由西，而径达于东，则利导其势，而就下之性已顺。既顺其性，而直行东向矣。岂复有漩洄北折之理乎？审视既定，据实奏请。奉旨：廷臣会议，准如所请。曾筠凛慎将事，遴委朱藻、杨守知、范昌治等，鸠夫择吉，开挑引河，工长六百三十丈。引河成，则北岸秦家厂一带安于磐石，向之横流激湍，至难抵御者，乃今尽人中泓，安流无恙。信乎治其本则费省工倍，不得其要，虽劳无益也。

处士吴馨斋香斋两先生懿行碑

赵钦政

馨斋先生之殁也，距今四十年余年矣。今岁香斋先生殁之翌月，其乡人谋所以表扬其昆仲之德者，丐余文以记之。余维古者乡先生殁，流风余韵，足以贻传后世，而为里闾族党所称颂者，先生昆仲非其畴也耶！馨斋先生讳芬，祖讳兆山，父讳太和。生而歧嶷，尝谨慎自持，行鲜过举。惜天不假年，未四十而即逝。然其行谊，今长老多能言之者，设非享年不永，其成就必绰有可观。香斋先生讳芳，太和公之次子，馨斋先生之弟也，幼承其二伯父太林公之祧。赋性质直，雅好读书，方以大成自期许，奈遭家不造，读书之志竟隳于半途。清德宗初叶，境内旱荒，叠罹匪火各灾，兄馨斋又猝焉辞世，子侄繁衍，家务重任，条麕集于一身。先生殚心抚育，教养兼尽。痛兄早亡，待侄辈尤为恳挚。幼孤成立，厥德非细，则功在家庭。布衣糜粒，检约自奉，至恤苦怜贫，则亟亟罔懈。尝因己资不足，见人急难，即转为通融，以是困窘亲邻，多赖以济，则功在穷乏。且也公正居心，热诚待物，凡民有丧，匍匐往救。每遇公益事务，劳瘁不辞。或有口角斗殴，立为排解，足迹至而波浪悉平，则功在乡里。凡此诸端，胥由于言忠信、行笃敬，得力于读书者深耳。馨斋先生子鸿霄、让三，孙其枢、其瑞、其彬、瑶池、其楹。香斋先生子宗年、鸿寅、鸿章，孙其强、其赞、其华、其萃、其绣，文亭，兰桂腾芳，一斗争爽。两先生之福禄攸宏，贻泽孔长可见已。惜余笔拙弗能文以纪其盛，是则余所愧怍弗惶者矣。

魏将军德惠碑

魏将军，印凤楼，字建亭。河南西华人。雄才不羁，弱冠从戎，效忠党国，功在史乘，中原之名将也。功成身退，优游田园，亦信陵君、魏无忌之流亚欤？乃以敌寇肆虐，志士不容安闲，民念重，致激东山再起，振臂一呼，子弟志愿景从，豫东鏖战，所指披靡，将军之勋邀上赏，策名青史，理也，亦宜也，蚩蚩者之载颂，奚足为将军重轻哉！然吾辈深蒙大德，亲沾实惠，有不能已于言者。民国三十年，将军奉令河防，来住斯土，从容指挥，暴寇敛迹，军令严明，与民休息，□□□话桑麻，犹如家父子，此有德于民为何如。壬子大旱，贷麦数万斛，活人无算，癸未□□□祸，急驰士卒捕灭，不遗余类，数十里内大田多稼，黎庶有秋，实万家之生佛也，此施□□□为何如！中央明令，军民一体，唯将军能履行之。至以战马代耕，士兵操耒，兴学筑路，持颠扶利及于民诸善政，亦皆略而不陈，惧谀也。万死一生之余，不禁击壤而歌曰：

敌侵我土兮，将军御之；

天枯我苗兮，将军活之；

虫蚀我稼兮，将军治之；

哀我炊之无米兮，将军贷之；

悲我命之几陨兮，将军起之；

勒石以志弗谖兮，愿将军福寿与共之。

大事记

约公元前 1562 年，商仲丁自亳迁嚣（傲、敖通，今马沟、牛口峪一带）。楚师伐郑，次于旃然（河名，在高村南）。

公元前 264 年，秦建广武城（今武陟余会南），设敖仓。

1864 年，在段素庵的倡导下，至光绪三年建成高村寨。

1921 年，河阴、荥泽分县。

1931 年 7 月 13 日，荥泽与河阴合并，改为广武县。

1948 年 7 月，高村镇解放，汜水、广武合并为成皋县，县政府设在广武。

1949 年 3 月，全高村区（包括北邙）只有 8 个党员，第一批发展的党员只有于海平和张福兰。

1951 年 4 月，全区土改工作全面铺开；10 月，土改工作基本结束，土地复查、颁发土地证。

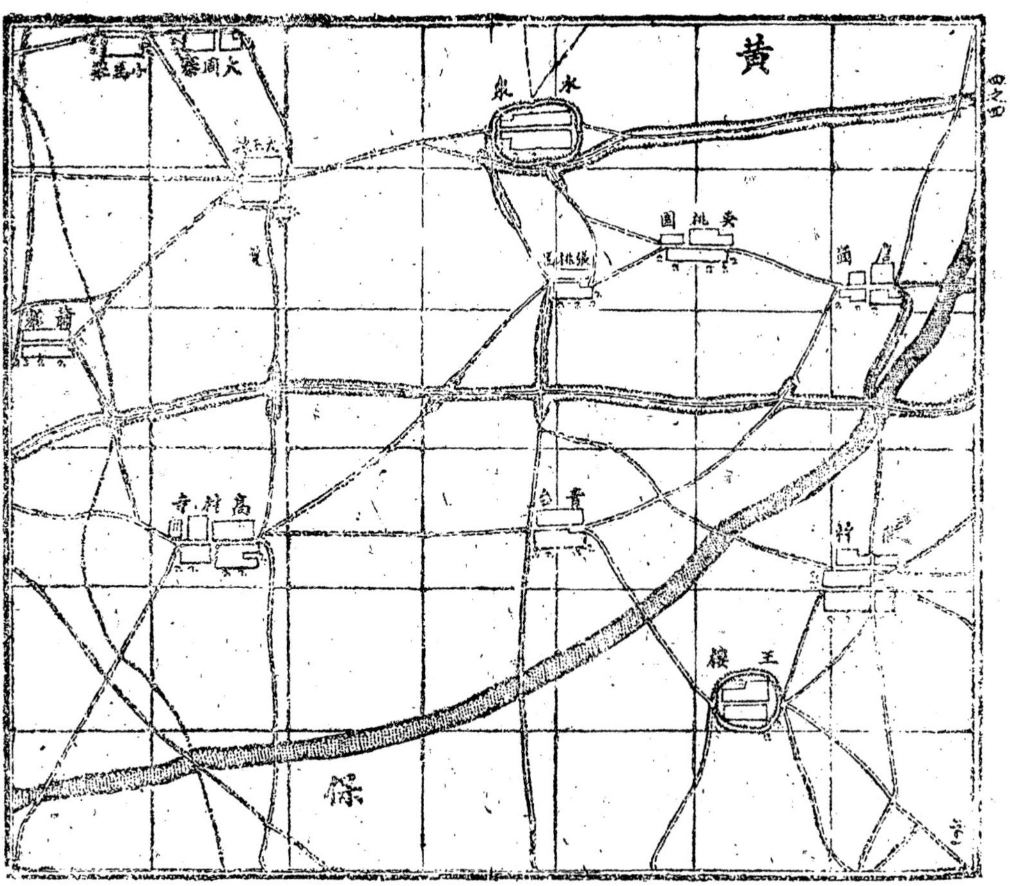

《（民国）河阴县志》（民国十三年石印本）中的高村乡

1953 年，进行第一次全国人口普查，总人口 20650 人。

1954 年 6 月，成皋县合并荥阳县，县址设荥阳。

1955 年，作家李凖在司马住队，体验生活，农民作者侯喜旺写出歌剧剧本“扔界石”（也称刨界石），主要内容是一个老社员张老汉，当他三年前报名入社时，对农业社还没信心，还把界石埋在地边，预防农业社万一垮台散伙时有界石，三年当中，农业社越办越好。他决定趁中秋月夜把界石刨出來。当他准备扔界石时，碰见一个刚入社的新社员，也有着他曾经有过的那种顾虑，准备把界石往地里埋。两人说透后，一齐把界石扔了的故事。

1957 年 4 月，高村区划分为司马、油坊、刘沟三个中心乡。

1958 年 1 月，县召开六界劳模会，司马高级社社长侯同寅被评为特等劳动模范，并出席了全国劳模大会。

1959 年，高村区至荥阳县有史以来第一条公路修通。途经丁洼、苏寨、荥阳车站到荥阳老城。全长 15 千米。

1960 年元月 20 日，国家农作物病虫害联防委员会参观高村、汜水、高山三公社消灭红薯黑斑病流动现场会。是年，4 月 23 日下午 3 点，高村公社常村大队杜常村李同德和高山公社白水塔大队张丙方参加北京召开的全国英模代表大会，并每人奖励国产第一批 60 式半自动步枪 1 支。

1961 年 7 月，高村管理区划分为五个小公社：高村公社、油坊公社、司马公社、穆寨公社、官峪公社。

1963 年 3 月 5 日，高村公社、油坊公社等 5 个小公社合并，命名为高村人民公社。

1964 年 2 月，第二次全国人口普查，高村公社总人数 26451 人。

1970 年，砾石溪公路桥（老桥）通车，结束过河摆渡，郑州客运班车到高村，每天一趟。

1980 年 9 月，高村公社有史以来第一条柏油公路竣工通车（荥阳—高村—北邙）。宽 15 米，长 22 千米。

1982 年 7 月，进行第三次人口普查，公社总人口 36516 人，其中男 18031 人、女 18485 人。

是年，8 月，真村大队刘寨村劳动模范王锁花被全国妇联命名为“三八红旗手”。

1983 年 2 月，进行机构改革，公社改为乡人民政府，大队改为“居民委员会”，生产队改为“村民小组”。实行党、政、企分设。

1990 年 10 月 12 日，高村乡第四次人口普查。全乡 38508 人，男 19212 人，女 19296 人。

2002 年 12 月，西气东输工程在高村乡全面动工，沿线经过司马、穆寨、真村、张常村、张村、韩常村、官庄等村，全长 6100 米，施工速度迅速。

2005 年，中秋节前一周，原北邙乡政府在刘沟村隆重举行了第一届“刘沟石榴文化节”。

2005 年，根据中共荥阳市委、荥阳市人民政府关于印发《乡镇职能配置、内设机构和人员编制规定的通知》(荥文［2005］107 号）规定，北邙乡撤销合并到高村乡，编制人数为：行政 35 人、事业 43 人、工勤 4 人。乡党委政府于 2005 年 11 月 23 日至 12 月 8 日进行机构改革，分流一部分在编在岗人员，提前退休一部分人，分流离岗一部分人。

2005 年 12 月 23 日，北邙乡与高村乡正式合并。

2006 年，高村乡被郑州市委评为“郑州市生态林业建设工作先进单位”。

2007 年，高村乡被省委组织部评为“全省农村党员干部现代远程站点工作先进单位”。

2007 年，高村乡党委被郑州市委表彰为“五好党委”。

2008 年，刘沟村刘永录担任北京奥运会火炬手　高村乡人民政府 供图

2007年5月，河阴石榴被国家质检总局认定为“中华人民共和国地理标志保护产品”；8月，黄河浮桥正式通车；10月，高村乡顺利通过了省级卫生乡镇验收，获河南省级卫生乡镇称号。

2008年，刘沟村原支部书记刘永录担任2008年北京奥运会火炬手。

2010年，官庄遗址被列入“2010年度河南省五大考古新发现”。

2012年，官庄遗址被列入“2012年度河南省五大考古新发现”。

2013年5月，秦王寨遗址成功入选全国重点文物保护单位，是高村乡首个被列为国家级的古文化遗址。

2008年，高村乡获评“省级卫生乡”。

2008年，高村乡位列全省经济社会发展百强乡镇第59名。

2008年11月，河阴石榴被河南省认定为“无公害农产品”。

2009年，高村乡被郑州市政府评为“郑州市中州杯竞赛活动先进单位”。

2010年8月12日，南阳淅川县上集镇李山村移民194户813名搬迁至李山村，建房

官庄遗址　石保定 摄

“无公害农产品”河阴石榴　石保定 摄

高村社区　石保定 摄

194 套，共调整土地 983 亩。至此，高村乡的行政村达 30 个。

2010 年，通过省级卫生乡镇复检。

2010 年，举办第五届河阴石榴文化节。

2011 年 12 月 3 日，连霍高速扩宽改造工程竣工，全部通车，高村站新上下站口正式使用。

2011 年，高村乡获评高速公路工程建设协调工作先进单位，获评河南省“平安农机”示范乡，获评河南省文明村镇，通过省级卫生乡复验。

2012 年 6 月，完成 S232 道路扩宽拆迁工作和 S314 道路升级拆迁工作；7 月开工建设，10 月底建成通车。

2012 年，高村乡启动高村社区、穆寨社区建设。

2012 年，高村乡获评河南省社会主义新农村建设档案工作示范乡镇。

2012 年，高村乡获评河南省农村“清洁家园行动”先进单位。

2014 年，美丽乡村建设正式启动，高村乡聘请省规划设计院编制了刘沟村“美丽乡村”建设总体规划。对油坊村 572 户村民开展摸底调查，编制了古民居保护与利用总体规划。

河阴石榴物联网 石保定 摄

2014年，高村乡与河南农业大学合作，投资60余万元建成河阴石榴物联网项目。

2014年，成功举办首届河阴石榴花节和第十届河阴石榴文化节。

2014年，高村乡与央视四套合作拍摄《石榴花季》，与央视七套合作拍摄专题片《又是一年石榴红》

2014年，高村乡参加第五届全国石榴加工研讨会，河阴石榴荣获“全国优质石榴产品金奖”。

2014年，高村乡与河南儒学文化研究会联合举办国学文化进校园活动。

2014年6月，高村乡被郑州市人力资源和社会保障局、郑州市民政局评为2013年郑州市社会救助暨社会福利工作先进单位。

2014年7月，高村乡被郑州市爱卫办评为第四季度农村“爱国卫生杯”流动红旗单位。

2014年9月，高村乡被郑州爱卫办评为2014年上半年郑州市无烟单位。

2018年，完成高村乡X036道路主体建设。

2018年，成功举办荥阳市首届中国农民丰收节暨第十四届河阴石榴文化节。

2018年，完成刘沟村美丽乡村建设规划，完成6个行政村污水处理项目建设。

2018年，通过省级卫生乡镇届满复审。

2018年，落实“蓝天碧水净土”计划，开展污染源普查工作。

2018 年，实施农村集体产权制度改革工作，清产核资和成员认定工作已基本结束。

2018 年 4 月 23 日，“不忘合作初心 继续携手前进——纪念中共五一口号发布 70 周年‘盟动中原 助力脱贫攻坚’文艺书画法律援助医疗下乡”活动，在高村乡牛口峪村拉开帷幕。

2019 年，牛口峪引黄工程基本完工，234 国道焦作至荥阳黄河大桥建成通车。

2019 年，成功举办荥阳市第二届中国农民丰收节暨第十五届河阴石榴文化节。

2019 年，完成昌明奶牛科普乐园郑州市四星级乡村旅游经营单位的创建工作。

2019 年，完成 29 个行政村 3696 户农户“双替代”工作。

2020 年以来，高村乡持续做好疫情防控工作，构筑全民健康免疫屏障。

2020 年 6 月 3 日，开展 2020 年荥阳市促消费、助脱贫高村乡直播活动。

2020 年 6 月 30 日，荥阳市 2020 年重点建设项目——郑州市兴泽建材有限公司年产 50 万立方米水泥预构件建设项目竣工。

2020 年 7 月 2 日，召开高村乡第十七届人民代表大会第五次会议。

2020 年 7 月 12 日，荥阳市高村乡韩常村被授予“河南省楹联文化第一村”暨“河南省楹联文化创作基地”。

2020 年 9 月 22 日，高村乡举办荥阳市第三届中国农民丰收节暨第十六届河阴石榴文化节。

G234 国道焦作至荥阳黄河大桥　石保定 摄

昌明奶牛科普乐园　石保定 摄

直播助农活动　石保定 摄

第三届中国农民丰收节　石保定 摄

郑州市 AAA 级景区村庄——韩常村　陈重孚 摄

2021年5月26日，高村乡召开中共高村乡第十一次代表大会全体会议。

2021年6月22日，高村乡召开第十七届人民代表大会第六次会议。

2021年6月28日，举办高村乡庆祝中国共产党成立100周年文艺演出。

2021年9月23日，高村乡举办荥阳市第四届中国农民丰收节暨河阴石榴文化节。

2021年12月，河南省人民政府公布马沟村的池沟遗址、刘沟村的刘沟遗址为河南省第八批文物保护单位。

2022年3月30日，高村乡召开高村乡第十八届人民代表大会第一次会议。

2022年7月14日，高村乡举办浙江大学中原研究院生物育种基地揭牌仪式。

2022年9月23日，高村乡举办荥阳市第五届中国农民丰收节暨第十八届河阴石榴文化节。

2022年，韩常村荣获郑州市AAA级景区村庄称号。

2023年3月28日，高村乡召开中国共产党高村乡第十一届代表大会第二次会议。

2023年3月29日，高村乡召开第十八届人民代表大会第二次会议。

2023年9月23日，高村乡举办郑州市2023年中国农民丰收节暨荥阳市第十九届河阴石榴文化节。

2023年12月，高村乡荣获河南省特色生态旅游示范镇称号，河南省枣树沟村荣获河南省省级康养旅游示范村、省级乡村旅游特色村、郑州市AAA级景区村庄称号，韩常村荣获省级乡村旅游特色村称号。

枣树沟村 周建功 摄

口述史

LOCAL RECORDS OF GAOCUN

李凖与小说《鸡毛的故事》

口述人：王长林

整理人：孟祥元

20 世纪 50 年代，著名作家李凖曾携全家在荥阳高村乡东司马村的红光农业生产合作社蹲点体验生活。

司马村的红光、红旗两个初级社互相竞争比赛，办得一个比一个好，正在酝酿转为高级农业社。这里是全省农业合作化的重点，省、地、县都派有工作队在这里蹲点，工作队员最多时达 42 人。

李凖先生是洛阳人，一口地道的洛阳口音，“大绿豆，酱面条，吃着美着哩！”是他常说的洛阳家乡话。他身高体胖，魁伟健壮，平易近人，不摆架子，说话和颜悦色，慢条斯理，语速稍慢，似乎还有点结巴。他最喜欢和我们这些年轻人交朋友。对什么事情都感兴趣，总爱细打听，究追根，探寻来龙去脉，生活中任何小事，细微末节都是他心目中的宝贵材料。他最善于捕捉生活中的横断面，反复思考咀嚼后升而华之，推而广之，教而化之。

一天晚饭后，到村外散步时和李凖相遇，年轻人跟在他后边问这问那，他也毫不保留地有啥说啥。当我们缠着要他介绍恋爱经过时，他笑着回答：“我们是旧社会奉父母之命、媒妁之言结婚的，哪像你们年轻人这么幸福，哪有什么恋爱经过啊？”大家异口同声地说：“见您和您爱人非常恩爱？”他笑了笑说：“夫妻本是同林鸟，既然合在一起了，就要互相爱护，互相尊重……”年轻嘴快的陈玲蹦了一句：“您这是先结婚后恋爱啊？”李凖听过以后对这不经意间冒出的笑话很感兴趣，急切地对陈玲说，请您再说几遍，陈玲羞涩地说了，作家连续说了三声好好好！这以后在他的作品里竟成了一句经典的俏皮话。正在我们漫无边际的闲聊中，见一只麻雀叨了一根五颜六色鸡毛从校园里飞了出来，作家若有所思地说这鸡毛真漂亮呀！这样小的细微末节作家也不放过，陷入了深深的沉思之中，我们见状也不敢多嘴了，唯恐打断了他的思路。

过了不久，《河南文艺》与《河南日报》副刊相继发表了他的短篇小说《鸡毛的故事》。故事从一个爱踢毽子的学生和他的小伙伴中展开，该生有一个非常漂亮的毽子，鸡毛红中见紫，紫中见绿，五颜六色煞是好看，他爱不释手，小伙伴都很喜欢和他一起玩。一次踢毽子兴趣正浓时，上课铃响了，便慌慌张张地跑回教室，把毽子丢在了操场上。他无心上课，两只眼焦急地向操场上张望，盼着早点下课，下课铃响过后，他第一个冲向操场，发现毽子没了鸡毛，只到下一个光秃秃的毯座。故事从这里开始，一个个矛盾迭起，疑云重重，怀疑这个，怀疑那个，互相猜测。作家通过一系列细节的描写，解释了麻雀叼去鸡毛的过程，矛盾终于化解，一群小伙伴化怨为乐，言归于好。

刘沟石榴种植历史

口述人；刘永禄

整理人：孟祥元

我叫刘永禄，今年 67 岁。我们世世代代生活在这里的刘沟人，靠着广武山贫瘠的土地，糠菜糊口、艰苦度日。即使在新中国成立后的最初三十年，日子虽好一点，也是在“红薯汤红薯馍、离了红薯不能活”的低水平生活中，食不饱腹、苦挨时光。直到进入 21 世纪，这里仍是各级政府“输血”帮扶的省级贫困村。

1980 年春，不甘在苦日子里继续落魄的村民刘西恩、刘忠林等人，到村前的山崖地坎上，分别刨回几十棵叫做铜皮、铁皮的野生河阴石榴树，栽植在自家的责任田里，栽上了全村第一批河阴石榴。

岁月如逝，春华秋实。三年后的中秋时节，河阴石榴园结出第一批铜皮、铁皮石榴果实。

1984 年，河南省石榴开发协作组在郑州召开石榴鉴评会，刘沟村呈送的河阴石榴，在 31 个品种当中位列全省之冠，被誉为“中州名果”。

从这时起，我们有了信心，开始发展石榴种植。

1988 年中秋，他们带着那籽粒又红又亮、晶莹剔透的石榴果，来到郑州果品市场售卖时，不管是外观呈古铜色的铜皮石榴，还是外观如包公脸的铁皮石榴，都不如旁边摊位上两种又红又大的新品种石榴卖得抢手。

经过多方打听，他们得知这两种分别叫粉红甜、大红甜，产于陕西临潼。

此后，刘西恩他们三赴临潼取经学习，并购回粉红甜、大红甜等石榴品种的树苗和嫁接枝条，在次年三月，在扩大石榴园种植幼树的同时，对已经进入第三年挂果期的河阴石榴成树，选取三分之一的数量，请林科所技术员进行高接换头试验嫁接。

嫁接后的石榴枝条，在砧木上顺利成活、茁壮生长，第二年即开花结果，刘沟人河阴

高村村　王红斌 摄

米。到了20世纪60年代，大集体时期响应国家号召开始平整土地，把沟填平，重新规划道路，才形成了现在道路的雏形。60年代后期提出的口号就是“路成带，树成排，井成行”。后来道路逐渐加宽，又变成了水泥路、柏油路。

高村村最早只有两道街，就现在的老大街和北街，当时老大街基本都是卖粮食的店铺。北街大部分是住户，每月逢三、六、九有集市。解放后老大街有了供销社、百货部、收货部、农具部、国营食堂。现在的新市场街原来是高村寨墙，高三丈，上面能跑马车。解放后拆除了，变成了路沟，80年代初期填平路沟形成了现在的新市场街。

同样是80年代初期，政府开始修北邙到荥阳的这条大路，修好之后高村村在这条大路两旁也逐渐行成了市场，就是现在的样子。

参考文献

[1] 郑州市地方史志办公室 . 郑州市历史地图集 . 北京：中国水利水电出版社，2019.

[2] 高村乡志，2011.

[3] 北邙乡志，1985.

[4] 荥阳市地方史志办公室 . 荥阳年鉴 2019. 郑州：中州古籍出版社，2019.

[5] 荥阳市志编纂委员会 . 荥阳市志 . 北京：新华出版社，1996.

[6] 荥阳市地方史志编纂委员会 . 荥阳市志 . 郑州：中州古籍出版社，2017.

[7] 荥阳文物志编纂委员会 . 荥阳文物志 . 郑州：中州古籍出版社，2011.

[8] 民国《河阴县志》.

[9] 马明文 . 荥阳土语 . 北京：作家出版社，2016.

黄河　石保定 摄

高村乡一瞥 / 王红斌 摄

沿黄快速路　陈重学 摄

邙岭　石保定 摄

沿黄风光　周建功 摄

编纂始末

根据《中共河南省委办公厅关于进一步推动全省乡村镇村志编纂工作的通知》要求和郑州市党史方志工作的部署，开发利用地方志文化资源，传承乡土历史文化，保存乡土文化记忆，充分发挥地方志“资政、教化、存史”功能，是一项意义重大的工作。

《高村乡志》编纂之始，编纂团队立足于展现高村厚重历史和文化内涵，统合古今，详今略古，对中华人民共和国成立以后，特别是十一届三中全会和党的二十大以来所发生的重要史实进行重点记述，深入挖掘高村历史文化资源、锐意进取的发展历程、改革创新的人文精神。

《高村乡志》从乡情特点出发，突出乡域特色和重要史实，在篇目设置上力图有所创新，在语言上努力追求朴实、严谨、简洁、流畅，增强可读性。

编写《高村乡志》是当代高村人民政治、文化生活中的一件大事。时任高村乡党委书记马智慧牵头抓总，指导方向，现任高村乡党委书记王鹏飞、乡长柳桂根多次对乡志编写提出要求，审核提纲。副乡长邢韶伟积极协调各领域、各部门、各村，合力支持乡志编写工作，乡属各部门及相关单位积极提供资料。郑州市史志办领导多次现场指导编纂工作，提出了宝贵意见；原荥阳市文物中心主任陈万卿老师不辞劳苦，亲自对历史文化部分逐字修改；原荥阳市史志办主任吴边全程指导、协调编纂工作。在此，谨向为本书付出辛勤劳动的所有人士致以衷心的感谢！

因本书中所选照片及文章众多，部分作品未能在出版前及时联系到著作权人，请著作权人看到后与我们联系，我们将及时奉上稿酬。

因编者水平有限，加之时间仓促，其错误和遗漏的地方在所难免，敬请社会各界人士和专家学者批评指正。

《高村乡志》编纂委员会

2024 年 10 月